꿈을 꾸는 수달이

글: 이광렬
그림: 황미례

꿈을 꾸는 수달이

발행일	2025년 5월 5일		
지은이	이광렬	그린이	황미레
펴낸이	손형국		
펴낸곳	(주)북랩		
편집인	선일영	편집	김현아, 배진용, 김다빈, 김부경
디자인	이현수, 김민하, 임진형, 안유경	제작	박기성, 구성우, 이창영, 배상진
마케팅	김회란, 박진관		
출판등록	2004. 12. 1(제2012-000051호)		
주소	서울특별시 금천구 가산디지털 1로 168, 우림라이온스밸리 B동 B111호, B113~115호		
홈페이지	www.book.co.kr		
전화번호	(02)2026-5777	팩스	(02)3159-9637
ISBN	979-11-7224-614-3 03810 (종이책)		979-11-7224-615-0 05810 (전자책)

잘못된 책은 구입한 곳에서 교환해드립니다.
이 책은 저작권법에 따라 보호받는 저작물이므로 무단 전재와 복제를 금합니다.

(주)북랩 성공출판의 파트너
북랩 홈페이지와 패밀리 사이트에서 다양한 출판 솔루션을 만나 보세요!
홈페이지 book.co.kr • 블로그 blog.naver.com/essaybook • 출판문의 text@book.co.kr

작가 연락처 문의 ▶ ask.book.co.kr
작가 연락처는 개인정보이므로 북랩에서 알려드릴 수 없습니다.

이광렬 산문집

딸에게 남기는 행복한 치과의사의 인생 이야기

꿈을 꾸는 수달이

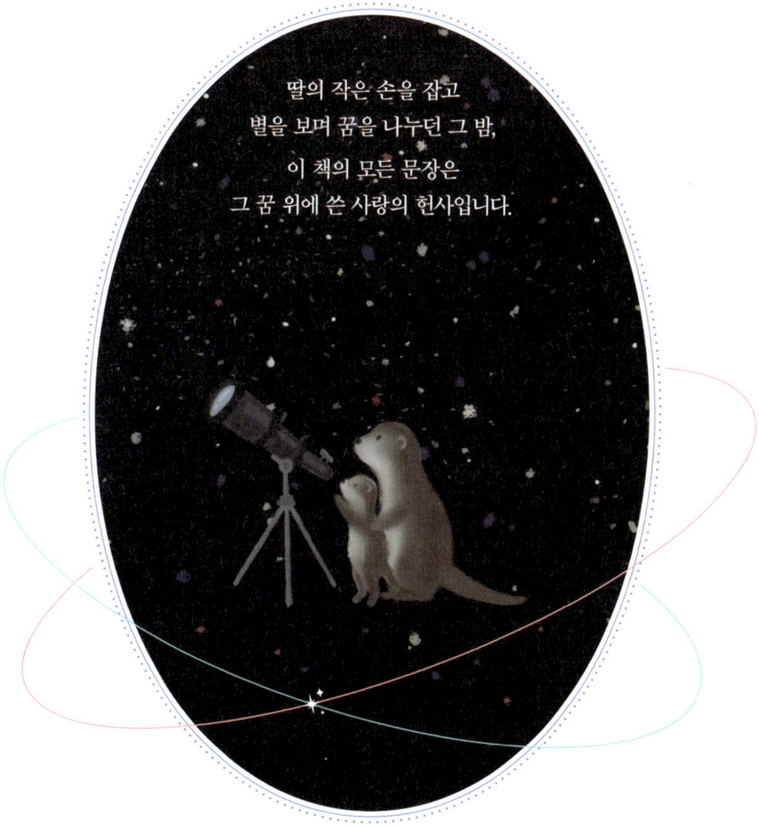
딸의 작은 손을 잡고
별을 보며 꿈을 나누던 그 밤,
이 책의 모든 문장은
그 꿈 위에 쓴 사랑의 헌사입니다.

북랩

머리말

　시집 '그림 위에 앉은 시'를 출간한 이후 간간이 써 두었던 짧은 글을 정리하며 재밋거리로 읽을 만한 산문집을 엮었다. 글 뒤에는 시 한 편씩 수록했는데 시를 쓰게 된 계기나 배경을 이해하는 데 도움이 되길 바라는 마음이다. 일기가 수필이 되고 축약하면 시가 된다는 필자의 생각을 표현하기도 했다. 날로 갈수록 종이책을 읽기가 어려워지는 현실을 받아들이며 임팩트 있는 내용을 위해 여러 종류의 글을 담았다.

　'치의신보'의 시론에 게재했던 글을 각색하기도 했다. 대부분 체험을 통한 시와 글이지만 재미를 위해 수필, 형식에 구애받지 않는 산문과 공개하지 않은 예전에 써둔 단편소설을 몇 편 수록했다. 단편소설은 '백수의 꿈'이란 제목을 붙였다. 산문과 시가 혼재되어 있지만 나만의 개성으로 마무리했다. 주로 주부 화가인 아내의 그림을 삽화로 사용했으며, 작은딸의 그림과 함께 좀 더 흥미롭게 구성했다.

치과의사의 삶을 통해 겪었던 환자와의 애환을 담았으며 진료실 공간 외의 생활을 직간접적으로 표현하며 의미 있는 시간을 보내려 노력했다. 글을 쓴 시점이 달라 현실감과 다소 차이가 있을 수 있지만, 여가에 쉽고 편하게 읽을거리가 되길 기대한다.

작은딸과 그 옛날 천체망원경을 통해 본 목성의 대적점과 그 위성들이 신기하기도 했고 가까이서 보면 얼마나 빨리 돌고 있을까를 상상하며 꿈을 키웠던 하나하나가 소재거리가 되어 산문집을 낼 수 있었다. 마음껏 상상하며 미지의 세계를 개척하는 마음으로 광활한 우주를 내 가슴에 안고 아직도 못다 이룬 꿈을 키워나가고자 한다.

차례

머리말　　　　　　　　　　　4

1부

두 딸	12
고래의 꿈	18
하얀 거짓말	24
반려동물 천만 시대	29
거꾸로	34
그분을 생각하다	38
콘도르야 날아라!	44

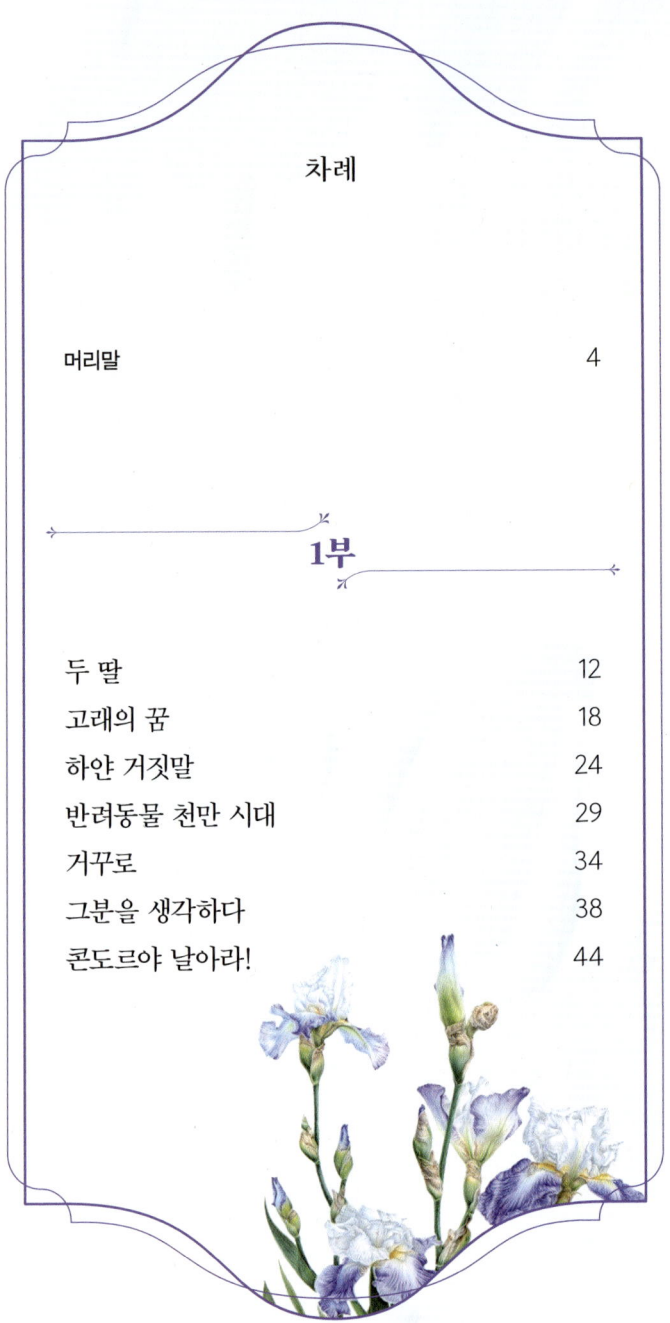

2부

우리의 세상	52
차마고도 염정 소녀	56
땅을 밟으며	61
임상실험	66
꽝!	71
틀니 환자	76
아픔을 함께 나누며	81
수달의 꿈	86

3부

그리운 곡선	94
거꾸로 흐르는 강물	99
김치 없이는 못 살아	104
마음이 가는 대로	110
어처구니가 없네	115
잠재된 로망	120
걷고 달리자	126
검정 고무신	131
잣대	136
현재는 없다	142

4부

그림 위에 앉은 시	148
이 순간이 지나면	152
수학의 정석	158
일생일석을 꿈꾸며	164
우주쓰레기	170
수지와 같이	176
백수의 꿈(동물화가)	181
백수의 꿈(드러머)	186
백수의 꿈(염라대왕)	191
후기	197
'꿈을 꾸는 수달이'를 읽고	199

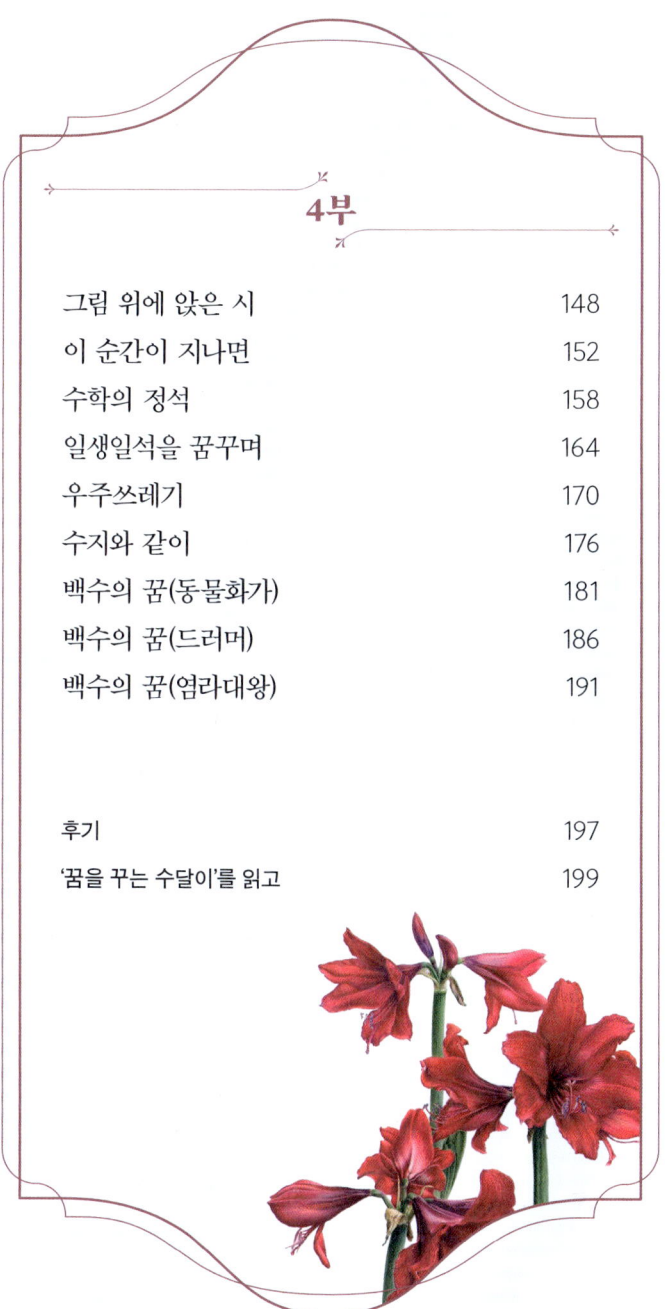

1부

두 딸
고래의 꿈
하얀 거짓말
반려동물 천만 시대
거꾸로
그분을 생각하다
콘도르야 날아라!

두 딸

　전국적으로 인구가 감소하여 가는 현상이 두드러진다. 예전에는 "딸 아들 구별 말고 둘만 낳아 잘 기르자"라는 구호와 표어가 온 사방에 나붙었었다. 그러다가 "잘 키운 딸 하나 열 아들 안 부럽다"라며 산아제한 운동을 하기도 했고, 남자들 정관수술 받으면 예비군 훈련도 면제해 주던 웃지 못할 시절이 있었다. 남아선호사상이 뿌리 깊이 내려져 있어 인구가 급속도로 늘었다. 어느 순간부터 인구감소로 돌아서더니 이젠 급격한 하향곡선에 나라의 존립마저 걱정하는 시대가 도래할 줄 꿈엔들 생각했겠는가?

　핵가족 시대의 흐름과 개인주의가 강한 요즘 젊은 세대들이 우리가 겪지 못한 환경에 살고 있다. 신생아 출생률은 줄고 노령인구가 기하급수적으로 늘고 있어 사회적 부담이 가중되는 것 같아 미안함마저 든다. 어려웠던 시대와 비교하면 지금 잘 사는 시대여서 다행이라면서도 돌아가는 일상생활이 기계 인간 같다는 생각이 든다. 이렇게 바쁘고 살기가 팍팍하다 보니 낭만을 누릴 기회도 적다.

젊은 세대들이 각박한 세상에서 돈을 벌어 결혼하고 집 장만하느라 정신없이 살다 보니 여유도 없는 너무 힘든 시대가 되었다. 아기 낳아 육아하기가 날이 갈수록 어려워진다고 한다. 국제화 시대에 다행인지 자연적인 흐름인지 여러 가지 이유가 있겠지만, 농촌 곳곳에 외국인 근로자들로 노동력의 상당 부분이 대체됐고 국제결혼이 증가해서인지 외국인이 많이 증가했다. 십 년 전만 해도 일년에 몇 명 정도로 보기 드물었던 외국인 환자가 이젠 다수가 되어 환자의 상당한 부분을 차지한다.

여하간 인구가 줄어 걱정된다. 나의 젊은 시절에는 자녀가 두 명은 기본이고 딸이 둘이면 아들 낳을 때까지 셋, 넷 낳는 경우가 주위에 있었다. 두 딸 아빠인 내게도 상당한 세월 동안 아들 하나 더 낳으란 권유와 압박을 받았는데 두 딸도 축복이고 딸들이 잘 성장한 것만으로도 너무나 감사히 생각한다.

그 두 딸이 농촌 마을에서 한여름 햇볕에 그을리면서 동네 아이들과 들과 냇가로 뛰어다니며 뛰놀던 때가 가장 낭만이고 추억으로 남는다고 한다. 이젠 독립하여 가정을 이루어 첫 손주를 보았는데 우리 때와 달리 아이 하나 케어하는 데 여간 힘든 게 아니란 걸 깨닫는다.

집에서 살림만 한다면 몰라도 맞벌이하는 대부분 신혼부부에겐 육아가 너무 힘든 일이다. 하나도 힘든데 둘 이상은 정말 대단한 애국 부모라 생각된다. 임신부터 출산까지의 힘든 과정을 지켜보며 한순간도 마음 졸이지 않은 적이 없다. 대한민국 모든 부모님이 겪은 헌신과 희생 과정을 절실히 깨닫는다.

지금, 이 시대에 두 명은 고사하고 한 명도 낳지 않거나 결혼도 하지 않는 비혼주의자들이 늘고 있어 심히 우려스럽다. 이런 이유로 파격적인 출산과 육아에 대한 대책을 마련하고 있다고 한다. 하지만 저출산으로 나라가 소멸할지도 모른다는 두려움을 불식시키려면 나라에서 다양한 대책으로 젊은 세대들이 결혼할 수 있는 여건을 최대한 만들어줘야 한다는 생각이다. 아이를 낳는 것도 힘들지만 성인이 될 때까지 육아와 교육이 너무 힘들어 걱정이 아닐 수 없다.

현재 가임여성 출산율 평균 0.72명이라는데, 큰딸이 허약한 몸에도 불구하고 아이 한 명은 낳았으니 평균은 넘었다며 으스대는 모습이 대견하기도 하다. 더 안 낳겠다는 말에 이러지도 저러지도 못하는 난처한 입장과 한 편으로는 나라 걱정이 앞선다.

짧지 않은 세월이 지나 각자 사회의 구성원이 되었지만 한 편으로는 옛적 퇴근 후 아빠를 기다리던 아이들과 같이 말타기도 하고 숨바꼭질하며 놀아주던 때가 인생의 가장 소중한 시간이 아니었나 생각한다. 지금도 새들이 떠나버린 빈 둥지처럼 아이들의 그 공간을 회상하며 나도 모르게 입가에 미소가 지어진다.

한세월 훌쩍이라더니 필자 역시 아이들 공부시키고 독립하는 걸 보며 세월 참 빨리 지나간다는 걸 깨닫는다. 그나마 지금까지 별 탈 없이 건강하게 커 줘서 너무나 감사하게 생각한다. 누구에게나 자식은 최고로 소중한 보물이듯이 독립해도 잘 지내고 있겠지 하면서 늘 뇌리에서 벗어나지 않는 대한민국 부모의 마음을 안고 아이의 울음소리가 들리는 내일을 그려본다.

두 딸

두 딸의 수없는 전화
마지막엔 항상
"사랑해"

큰딸
"나두요"
작은딸
"나도"
수없이 들어도 듣고 싶고
들을 때마다
뭉클해지고
눈시울이 뜨거워져

보고 싶다
많이
큰딸 사랑해!
작은딸 사랑해!

고래의 꿈

작은딸 수지가 그림을 그리고 있다. 무작정 손이 가는 대로 그린다고 한다. 세월이 지나도 눈에 띄는 그림이 한 점 있다. 북두칠성을 쳐다보는 넓은 바다의 주인 고래의 그림이다. 시공간을 초월해서 집에 기르던 짱이(애완견 시츄)와 사이좋게 지내고 있는 모습이다.

수지와 어렸을 때 수족관에 간 적 있었다. 재미있고 신기했지만, 조련사들에 따라 묘기를 부리는 고래들이 불쌍하다고 생각했는지 왜 저 큰 몸집의 고래들이 넓은 바다에서 살 수 없냐며 물었다. 때가 되면 고향으로 돌려보내 줄 거라며 안심시켜 주었다.

강아지와 함께 노는 세상도 그랬다. 수시로 천체망원경을 통한 우주의 관찰과 상상을 하다 보니까 속박되지 않는 원대한 세상을 그리고 싶었다. 그러한 상상력을 동원하여 수지의 그림을 골똘히 바라보게 되었다. 서로 공감하며 수없이 바라보니 고래가 실제로 살아있는 것처럼 느껴졌다.

작은 꿈을 이루기 위해 일생을 바치는 고래의 삶을 그려보며 청소년에게는 꿈과 희망과 상상을, 어른에게는 공감할 수 있는 추억을, 모든 이에게 재미있게 살아가며 느끼는 진솔한 삶의 현장을 노래하고 싶었다.

대부분 알고 있는 사실이지만 고래는 원래 오래전에 인간보다 더 일찍 육지에 살았던 포유동물이다. 육지에서 살다가 인간에게 육지를 양보하고 환경에 적응하면서 바다로 서식지를 옮겨가 넓은 바다의 주인이 되어 지금까지 인간과 협동하며 살게 되었다.

물고기들이 알을 낳는 것과 달리 고래는 새끼를 낳고 젖을 먹이는데, 허파 호흡을 하므로 질식하지 않는 방법을 터득하고 있다. 무리 지어 살며 그들만의 언어를 주고받으며 인간 다음으로 두뇌가 좋은 동물이다. 원인 모를 고래의 집단 떼죽음이나 어디에서 죽는지 고래의 이동 경로 등 무수한 의문을 남긴 채 신비로운 동물로 인식되어 왔다. 칭찬은 고래도 춤추게 한다고 했듯이 인간에게는 좋은 동물로만 기억되어 있다.

거대한 선박의 침몰로 인한 기름유출, 바다에 가라앉은 폐선, 온갖 비닐과 플라스틱과 오물의 투기, 폐그물의 방치로 인간은 육지의 오염도 부족해 온 대양을 더럽히고 있다. 고래는 인간에게 무조건 내어주기만 했는데 인간은 오히려 탐험과 연구란 구실로 깨끗한 바다를 파괴하고 고래를 못 살게 하고 있다. 제발 우릴 괴롭히지 말라며 애원하고 있다.

　지구상에서 가장 깊은 곳은 태평양에 있는 마리아나 제도의 마리아나 해구인데 평균 수심 7~8km이고, 가장 깊은 곳이 11,092m이다. 인간은 300m 정도만 겨우 갈 수 있지만, 어떤 고래는 수심 3km가량 헤엄칠 수 있다니 진정한 바다의 주인이라 할 수 있다. 인간은 무분별한 인공위성으로 인한 우주쓰레기도 모자라 각종 개발한 장비로 고래의 영역을 넘보는 것은 고사하고 온 바다를 가로채고 바다조차 쓰레기 천지로 오염시키고 있다.

　원래 고래와 인간은 사이가 좋았다고 한다. 탐욕의 인간이 고래를 배신하고 무차별 포획과 학대를 하지만, 고래는 여전히 증오해야 할 인간을 신뢰하고 있다. 인간이 쳐놓은 그물에 걸려 발버둥치다가 죽음을 맞이하기도 하고 가까스로 도망쳤지만, 몸과 마음이 피폐해지기 일쑤다.

　찢어진 그물이 온몸을 칭칭 감고 있는 고래의 입속에 들어가 위험을 무릅쓰고 그물을 제거해 주는 모습은 인간의 살아있는 마지막 양심이라 할 수 있다. 고래 역시 인간에게 실망도 많이 했지만 자기를 도와주러 온 걸 알 정도로 머리가 좋기 때문에 가만히 참고 기다린다. 다 제거가 된 후 이러한 인간의 당연한 행동을 고래는 감사히 생각하며 먼 대양을 향해 여운을 남기며 사라져 갔다.

삼국유사의 고장, 내 고향 군위에서 늘 자연과 함께하며 전국에서 유일한 거꾸로 흐르는 강가를 거닐며 수없이 굽이치며 흐르다가 낙동강과 합류해서 바다에 이르는 상상도 했다. 하늘을 바라보며 자연이 만들어 내는 갖가지 장관이나 밤하늘 별자리에 관심이 많아 또 다른 미지의 세계에 대해 동경하고 광활한 우주를 누비는 꿈을 꾸기도 했다. 지금은 고래의 묘기가 금지되면서 사라졌지만 돌고래도 언젠가는 하늘 높이 날아 별자리를 좌표 삼아 힘찬 물줄기를 뿜으며 고향을 향해 유영하는 모습을 꿈꾼다.

고래의 꿈

난 세상에서 가장 큰 동물이라
육지는 좁고 다니기가 불편해서
인간에게 양보하고
오대양을 휘젓고 다니고 있어
먹이 찾아다니다 보면 매년 세계 일주하는 셈이지

인간이 광해 없는 최고봉에서
밤하늘 바라보며 별과 광활한 우주 생각할 때
난 심해 한가운데서 솟구쳐 올라
밤하늘의 별자리를 좌표 삼아
자유로운 바다에서 나의 항로를 정하지

인간은 산이 있어 산에 오르듯
난 바다 깊이 해구에 가고픈데
숨이 차서 반도 못 가봤어
너희들은 하고 싶은 대로 다 하고
우리가 못 가본 해연도 다 가봤잖아

우릴 괴롭히지 마!
방해받지 않고
해저에 손 짚어 보고 뒹굴어 보는 게 소원이야
소박한 꿈 이룰 때까지
이 몸 다할 때까지 노력하리라!

그림: 이수지

하얀 거짓말

 우리는 알게 모르게 많은 거짓말을 하며 살아가고 있다. 대부분 나쁜 의미로 받아들이지만, 착한 거짓말도 필요할 때가 많다. 분명한 것은 착한 거짓말이든 나쁜 거짓말이든 거짓말은 하면 할수록 는다는 사실이다. 필요에 따라 상대방에게 이로움을 주거나 귀가 즐거운 하얀 거짓말은 하면 좋을 때가 많다.

 삼국지에 여름철에 조조가 군사를 이끌고 행군할 때의 이야기가 문득 떠오른다. 병사들이 목이 마르고 타서 기진맥진한 상태가 되었다. 조조는 병사들에게 조금만 더 가면 넓은 매실나무 숲이 있으니, 매실을 마음껏 먹을 수 있다고 거짓말을 했다. 그 말을 듣는 순간 신 매실을 먹는 생각에 입안에 저절로 침이 고여 잠시나마 갈증을 해소했고, 오래지 않아 물이 있는 곳을 찾아 위기를 모면했다고 한다. - 망매지갈(望梅止渴)

 오랜 기간 병마와 싸우고 있는 환자에게 조금만 더 참고 견디면 나을 수 있다는 믿음을 심어주면, 몸에서 병에 저항하는 에너지가 발생하여 회복이 더 빨라지는 경우가 많다. 잘될 거란 긍정적인 마음만으로도 우리 몸에서 엔도르핀, 세로토닌, 옥시토신, 도파민과 같은 호르몬이 분비되어 사랑과 행복을 느끼게 하고 면역력을 키워주는 역할을 하기도 한다. 마찬가지로 다 죽어가는 환자에게도 희망을 주는 말 한마디가 눈을 번쩍 뜨게 하고 기적이 일어나는 경우가 드물지 않게 들린다. 의학적으로 회복될 기미가 없는 환자에게도 나을 수 있다는 희망의 끈을 놓지 않게 해야 한다.

의학적인 결과만으로 설명이 안 되는 사례들이 많이 있는 것을 볼 때, 이것이 곧 환자에게 낫게 되고 좋아진다는 하얀 거짓말을 해야 하는 이유다. 환자가 알지 못하게 식염수만 주입하거나 질병과 상관없는 영양제만 처방했을 뿐인데도 환자는 의사나 간호사가 낫게 해준다는 믿음으로 실제로 호전되는 위약효과는 과학적으로도 입증된 사실이다. 이러한 위약효과도 하얀 거짓말이라 생각한다.

우리나라 사람들은 대다수가 등산광이라 해도 과언이 아니다. 전국 어디를 가도 등산로가 잘 만들어져 있고 초보자와 숙련자의 능력에 따라 난이도도 다양하게 코스 설정이 돼 있다. 필자 역시 산행을 좋아하기 때문에 종종 여행을 가기도 하고, 산골 지역인 집 근처의 산에 자주 오르내리는 편이다. 아는 길이야 시간과 거리를 대략 계산하고 산행할 수 있지만, 험한 산악지역이나 인적이 드물고 익숙하지 않은 등산로를 다닐 때는 목적지까지가 얼마나 남았는지 궁금할 때가 있다. 그때 생면부지의 여행객이라도 만나면 서로 반갑다고 인사하거나 잘 가라고 덕담을 나누기도 한다.

목적지까지 얼마나 남았냐고 물으면 거의 대다수가 조금만 더 가면 된다고 한다. 많이 남아도 조금이고 정말 조금 남으면 거의 다 왔다 하고……. 그것은 조금만 더 힘내라는 예쁜 거짓말이 아닌가 싶다. 정말 많이 남은들 거짓말쟁이라고 쫓아가서 따질 수도 없는 노릇이니 그저 고맙게 해석할 뿐이다.

어릴 적 아버지와 목욕탕에 간 경험이 있다. 우리 세대라면 먼저 탕에 들어가서 시원하다는 말만 듣고 쑥 들어갔다가 뜨거워 혼난 경험을 한 사람들이 꽤 될 거로 생각한다. 그 상황을 두고 "세상에 믿을 사람(?) 하나도 없네"라는 풍자만화도 생겼다. 어른들은 뜨거운 국을 먹을 때도 시원하다 하고 뜨거운 목욕탕 속에서도 시원하다고 한다.

곰탕 국물이 뜨거운 것을 시원하다고 하는 의미를 어른이 되어서 알게 되었고, 나 역시 뜨거운 것을 시원하다고 말하는 기성세대가 되었다. 뜨거운 것을 시원하다고 느껴지지 않으면 아직 젊은 세대라 해도 될 것 같다.

평생 치과 치료를 하며, 얼마나 많은 거짓말을 했는지 셀 수도 없다. 일분일초가 공포고 고통인데 다 끝나간다며 조금만 참으라며 환자를 달래기도 하고, 꽤 아픈 상악 구개 쪽 마취 주사도 좀 따끔하다며 조금만 참으라 하고……. 환자는 정말 아파 죽겠다는데 곧 괜찮아진다며 거짓말을 한다.

정말 잘 참았다고 칭찬하면 아파 죽을 뻔했다며 고통을 호소하면서 불만도 있었지만, 대다수의 환자는 언제 아팠냐는 듯 눈물을 찔끔 흘리면서도 참을 만하다고 한다. 정말 아파 보이는 환자를 보면 미안할 때도 많다. 본의든 아니든 그런 거짓말을 해야 참기가 더 수월하니까 하얀 거짓말이라고 변명하고 싶다.

남에게 피해를 주거나 이용하기 위해 하는 나쁜 거짓말, 검은 거짓말은 싫다. 필요할 땐 상대방에게 이로움을 주고 귀가 즐거워지는 좋은 거짓말, 하얀 거짓말을 하자. 연로하신 할머니께도 예쁘다고 말하고 젊어 보인다고 하면 거짓인 줄 알면서도 좋아하신다. 수없는 거짓말을 하면서 오늘도 함께 웃을 수 있어 좋다.

어떤 대화

얼마나 거짓말을 했을까
참을만하다
다 끝나간다며
몸에 밴 하얀 거짓말
힘들어도 미소 짓는다

전염된 웃음 바이러스
예쁘네요
젊어 보이네요
건강해 보이네요
칭찬과 하얀 거짓말의 조화

속아도 좋은 고운 거짓말
눈감아주는 아량
알면서도 속고
모르고도 속는
착한 거짓말 하얀 거짓말

반려동물 천만 시대

우리나라도 이제 선진국 대열에 들어 모든 분야에서 위상이 높아졌다. 거기에 따른 도덕과 질서 의식 또한 세계 언론에서 칭찬이 자자하다. 빈곤과 기아로 어려움을 겪고 있는 지구촌 곳곳의 소식을 접할 때면 가슴 한편으로는 동정과 책임을 느끼면서도 정작 실천에 옮기기는 쉽지 않다. 작은 정성이라도 함께 모아 음으로 양으로 사랑의 손길을 베푸는 분들께 감사와 존경의 마음을 갖는다.

개, 고양이, 새 등 다양한 종류의 동물과 함께하는 반려동물 가족이 자연스럽고 당연시되는 시대가 되었다. 필자도 천성적으로 동물을 좋아하기 때문에 때때로 사람이 개보다 못한 대접을 받는 게 우습기도 하고 서글픈 생각도 든다. 하지만 시대의 변화에 순응하며 받아들이는 입장이다.

드라마나 만화에서도 부모가 개보다 대접을 못 받는 우스갯거리가 종종 오르내리기도 하는데, 우리 집에서도 아내가 서열 1위인 탓에, 나보다 서열이 위라고 생각하는 애완견 진이가(수컷 말티즈)

시도 때도 없이 내게 으르렁거리거나 간식을 줄 때 외엔 내 말을 듣지도 않는다. 간혹 아내 없을 때 한 대 때리면 꼭 일러바친 것처럼 아내는 이내 괴롭힌 걸 알아차리곤 부부싸움을 한 적도 있다.

기성세대의 많은 이들이 개가 사람 이상의 대우를 받는 희한한 시대에 살고 있다며 불만을 느끼기도 한다. 한편으로는 길거리 돌아다니는 유기견이나 야생 고양이를 보며 불쌍히 여겨 사료를 내주는 게 할 수 있는 전부여서 가슴 아프게 생각한다. 우리 사회 모두의 노력으로 근본적인 해결책을 찾아야 할 것 같다.

동물과 늘 함께하다 보니까 애완견이 충치가 생기거나 사고로 이가 빠지거나 다칠 때도 있다. 동물도 나이가 들어서 사람과 같이 이빨이 빠지고 잘 못 먹어 고통받는 걸 목격하게 됐다. 가족처럼 지낼 동물이라면 말 못 하는 고통을 헤아려 동물 치과 치료나 보철을 통해 적절한 치료를 받아야 한다.

정말 특별한 경우엔 치료받을 수 있겠지만, 대다수 반려동물은 주인이 모른 채 고통을 참고 살거나 동물병원에서 전신마취하고 아픈 이빨을 제거하는 정도일 것이다. 동물의 세계에서도 생존경쟁에서 살아남을 수 있는 필수요건이 강한 이빨과 턱이다. 이빨 빠진 사자의 비참한 말로를 바라보며 우리 애완견에게도 이렇게 소중한 이빨 관리를 위해 예전보다도 더 신경을 써 주어야 할 것 같다. 하기야 주기적으로 스케일링도 하고 이빨도 닦아주고 개 껌도 줘가며 관리하는 걸 보면 동물의 지위도 예전에 비해서 많이 높아졌다.

그럼에도 이빨 치료를 해야 하는 경우가 생기면 지금은 전문 수의사가 동물의 이 관리를 담당하고 있다. 사회가 발전되고 고급화되면 더 세분되고 전문화되어 애완견에 최적화된 교합과 저작을 위한 연구가 필요할 것 같다. TV의 '동물농장'에서 자문 수의사가 구조된 동물을 치료하며 보철하는 장면을 보면서 특히 이빨 보철의 필요성을 느꼈다. 그리고 전국의 모든 반려견도 혜택받을 날이 올 거란 기대를 하게 되었다.

동물들도 기본권리를 누릴 자격이 있다고 본다. 드물긴 하지만 수의사 겸 치과의사 면허를 가진 분도 계시는데, 애완동물 천만 이상인 시대에 정말 할 수 있는 훌륭한 일이 많을 것 같다. 지금은 선택적으로 수의과대학 병원이나 전문 동물병원에서 드물게 시술받을 수 있겠지만, 동물을 사랑하는 마음으로 가까운 곳에서 쉽게 동물 치과 시술을 받을 수 있는 시대가 왔으면 좋겠다.

좀 더 저렴한 비용으로 동물 이빨 임플란트나 크라운 & 브릿지를 시술받을 수 있길 기대하는 것이 지나친 상상일까? 전 국민이 의료보험 혜택을 받는 의료복지 세계 최고 선진국인 우리나라에서 애완동물도 가족인 만큼, 전문가의 지도하에 다양한 방법과 연구를 통해 반려동물의 의료비 부담을 줄일 수 있는 대책을 세워야 하는 시대가 됐다.

필자도 경험한 일이지만, 사람보다 동물병원의 문턱이 너무 높아 애완동물이 아프거나 다치기라도 한다면 당장 치료비 걱정과 높은 수가에 휘청하며 놀라는 사람들도 많다. 그 부담 때문에 방치하거나 불법으로 드물지 않게 유기되는 슬픈 현실을 접하게 된다. 가족처럼 지낸 반려동물이 한순간 버려져 여기저기 돌아다니는 길거리 유기 동물들, 우리 모두의 공동책임이라 생각한다.

얼마 전까지만 해도 상상도 할 수 없었던 일들이 현실화된 이 시대. 전 국민의 자동차, 컴퓨터, 인터넷, 휴대폰, 반려동물 천만 시대……. 꿈같은 모든 일들이 현실화하였듯이, 언젠가 동네 동물병원도 동물 치과, 동물 안과, 동물 비뇨기과, 동물 정형외과 등 좀 더 세분되고 전문화된 동물병원도 생기게 될지 기다려 볼 일이다.

동물과 함께하는 시대, 끝까지 책임지는 진정한 반려동물 가족이 되길 희망하며, 오늘도 짖으며 물려고 하는 진이와 잘 지내보려 개 껌 하나로 유혹해 본다.

반려동물 천만 시대

거리를 배회하는 그림자들
엄마 품 잊은 지 오래
같이 태어났건만
서로 다른 운명
이별도 모른 채
뿔뿔이 흩어져

동물답게 살 권리도 모른 채
시시때때로의 위험
무사히 건강하게 살길……
조그만 정성과 노력이 모여
반려동물 의료보험 시대
불가능을 가능으로

동물 치과 동물 안과 동물 비뇨기과
아픈 개 고양이 회복되어
동물의 대모가 되리
유기 동물 사라지는
따뜻한 세상 꿈꾸며
오늘도 진이[1]와 서열 다툼한다

---

1   진이: 우리 집 애완견 수컷 말티즈

거꾸로

앞만 보고 정신없이 살아가는 대다수의 사람들. 우리도 모르게 급격히 변해가는 시대에 삶이 고달플 때도 있지만 나름 적응하며 살아가고 있다. 물질의 노예가 되든지 시간의 노예가 되든지 숨을 돌릴 여가가 없다고들 한다. 엄청난 실의에 빠졌을 때나 회복하기 힘든 중병을 앓을 때가 되어서야 비로소 살아온 과거를 되돌아본다.

진작 깨달았으면 지금처럼 살지 않았을 텐데 하고 말이다. 폐암으로 고생하면서 진작 금연을 했더라면 이 고생 안 할 텐데 후회하기도 하고, 규칙적인 구강검진으로 치주 관리를 잘했더라면 치아 상실로 인한 고생을 피할 수 있었는데 탄식하기도 한다. 주로 건강관리를 잘 못해서 후회하는 경우가 많다.

가족을 부양하기 위해 몸을 혹사하며 애썼건만 놓친 것도 너무나 많다. 시간이 없어서라며 자위도 하고 변명도 하지만 모두 다 이해해 주진 않는다. 좀 더 일찍 깨어났더라면 바쁜 와중에도 시간을 할애했을 것이다. 남이 가지 않는 길을 가는 것은 오로지 자기 노력이고 의지에 달려있다. 시간이 지나가면 늘 후회하기 마련이지만 그래도 뭔가를 하며 성취감을 느끼는 것도 삶의 크나큰 활력소다.

현재의 시간이 많다고 하지만, 돈과 마찬가지로 늘 부족하다. 백세시대에 살날이 많이 남아있다. 아프지 않고 맑은 정신으로 산다는 건 당연한 기대지만, 주위를 보면 꼭 그렇진 않다. 휴가도 여가도 없이 일만 하고 돈만 벌던 기성세대들에 대한 감사하는 마음도 있다. 하지만, 번 돈 제대로 써 보지도 못하고 돈 벌어 돈 세는 게 가장 행복하다던 분들을 어떻게 이해해야 하나? 모으기만 하고 써 보지 못하는 안타까움, 지금까지 벌기만 하고 써 보지 못하는 현실에 갇힌 삶에서 벗어나야 한다. 절약도 없이 흥청망청 쓰자는 건 아니지만 벗어나기 위한 작은 실천부터 해보자.

절약하는 그 자체는 중요하지만, 짚신 장수 헌 신 신는다는 우리 세대의 고정관념에서 벗어나 자신을 위한 삶도 생각하자. 바쁘게만 살아오며 앞으로만의 생활이 아닌, 뒤로, 거꾸로의 생활을 해보자고 제안해 본다. 사람도 더 만나고, 갖고 싶은 것도 사고, 가고 싶은 곳 가고, 먹고 싶은 것 마음껏 먹고……. 이러한 간단하고 단순한 것들부터 실천해야 한다. 늘 바쁘다는 핑계로 놓친 게 없는지 수시로 점검해 봐야 한다.

무리하게 일하지 않기, 화나도 참기, 말하고 싶어도 듣기만 하기, 상대방이 싫지만 싫어하는 마음 줄이기, 산책길을 걷다가 뒤로 걸어보기 등 이제부터 '앞으로 똑바로'란 단어 대신 '반대로 거꾸로'란 단어를 되뇌며 실천해 보려고 노력한다.

거꾸로의 대명사 청개구리가 연상된다. 다 아는 이야기이다. 냇가에 묻어 달라면 아들이 반대로 산에 묻어 주겠지 예상한 엄마가 냇가에 묻어 달라고 부탁했는데, 평생 말 안 듣고 반대로만 살다가 마지막으로 엄마 말씀 바로 듣고 무덤을 냇가에 만들어서, 비가 오면 무덤 떠내려갈까 봐 개굴개굴 운다는 우화는 다시 들어도 우습고 새롭다. 그럼에도 비 오는 날 개구리의 울음소리가 처량하기보다는 자연의 소리로 편하게 들린다. 현재는 환경오염과 서식지 소멸로 대다수 사람들이 개구리 소리를 못 듣는 게 아쉽다.

뒤로 걸어보면 평소 안 쓰던 근육을 씀으로써 근력을 키우는 데 도움이 되고, 물구나무서기를 하면 혈액순환에 많은 도움이 된다고 하니, 벽에 기대든 그냥 하든 거꾸로 서보기도 해보자.

반대를 위한 반대가 아닌, 거꾸로의 삶. 바쁘지 않게 둘러 가는 게 오히려 마음이 홀가분할 때가 많다. 굽은 것의 여유를 표현한 그리운 곡선과도 의미는 다르지 않다.

거꾸로

갖고 싶으면 내어주기
울고 싶으면 웃기
화나면 칭찬하기
미운 사람 용서하기
실없는 사람이어도 좋다
물구나무서는 삶

머리와 몸의 유리
청개구리 한 마리 튄다

마음에 끌려다니는 몸
내 몸은 마음보다 더 강한가
머리가 지배하는 내 몸은 어디에

그분을 생각하다

한강 작가에 대해 전에는 별 관심이 없어 잘 몰랐다. 우리나라에서 처음으로 노벨문학상을 받은 작가니 대단한 작가일 거라는 생각이 들어, 한강 작가님의 책을 몇 권 구입하여 '채식주의자'부터 읽어보게 되었다. 한강 작가님의 표현 방식을 감히 논할 수는 없지만, 이념을 떠나 개인적 느낌으로 마광수 교수님과 공통점이 조금 있는 것 같았다. 한강 작가님도 연세대 국문학과 이십 년 선배이신 연세대 국문학과 마광수 교수님의 강의를 듣지 않았을까 생각된다. 최근 마광수 교수님의 작품들이 재조명되고 있어 예전에 치의신보 시론에 올렸던 글을 다시 끄집어내어 마광수 교수님을 회고해 본다.

호기심에 마광수 교수님이 쓴 몇 권을 읽어보았다. 인문학은 몰라도 재미있었다. 그분의 저서 '윤동주 연구', '광마집', '귀골', '사랑의 슬픔'……. 구할 수 있는 책 다 구해서 틈만 나면 읽었는데 궁금증이 생겼다. 컴맹이라 하셨는데 어떻게 이 많은 책들을 썼을까? 예술과 외설 사이를 줄타기하면서 서술 방식이 수월하게 전개된다.

이해 못 하는 부분은 넘기고 소설, 수필, 시, 평론 등 모든 장르를 망라한 광대하고 해박한 지식, 놀랍고 존경스러울 뿐이다. 모든 에너지를 집필에 쏟으신 기인, 안타까운 선택만 하지 않았으면 백 권 이상도 가능했을 것 같다. 제대로 된 평가를 못 받고 가신 풍운아. 외설 시비에 휘말리지 않게 조금만 더 정제하고 세상과 타협했더라면……. 오로지 혼자만의 길을 고수한 마광수 교수님의 상상과 영감이 많은 분께 와 닿는 그날이 오길 기대한다.

마광수 교수님이 돌아가신 지가 꽤 됐다. 오래전에 우연히 그분의 시집 '시선'을 읽다가 그분 시에 대해 남다른 흥미를 느끼게 되었다. 출판된 서적을 찾아보니 매우 많아서, 예전에 읽었던 몇 권의 소설 외에 그의 작품을 모두 찾아서 읽어보고 소장하게 되었다. 대개 마광수 교수에 관하여 논란이 된 소설 '즐거운 사라'나 수필 '나는 야한 여자가 좋다', 시집 '가자, 장미여관으로'를 쓴 연세대 국문학 교수로만 기억하고 있다. 그나마 그의 책을 읽어본 사람은 많지 않은 것 같다.

언론을 통해 외설 작가로 낙인이 찍혀 많은 작품이 덩달아 매도당하고 있는 느낌이다. 필자가 만난 사람들 상당수가 마광수 하면 외설 작가로 인식하고 터부시하는 것 같았다. 그분의 책 한 권이라도 읽어봤냐고 물으면 대개가 TV를 통해서 전해 들은 게 전부란다. 표현의 차이가 있지만, 독특한 부분을 받아들이기가 쉽지 않다. 문인들 사이에서도 그렇게 인식되어 있으니까. 페미주의, 반페

미니스트주의, 새디즘, 마조히즘 등은 별개로 하고 그분의 글들이 나로서는 무척 재미가 있고 읽기가 편하게 서술되어 있어서 책을 잡으면 끝까지 읽게 되었고 점차 묘한 매력에 끌리게 되었다.

그 당시(80~90년대쯤)의 엄격했던 도덕적 잣대에 대해서도 의견이 분분하다. 다만 우리가 그분에 대해서 잘 모르는 부분이 많은 건 사실이다. 편견을 버리고 실체를 연구하고 싶은 나만의 호기심이 발동하여 그분이 생전에 저술한 79권(필자가 아는 시집 열 권을 포함하여)의 책을 모두 구해서 무작정 읽었다. 그분의 저서 중 첫 작품인 시집 '광마집'만 구하지 못해 전자책을 구입한 후 일일이 원문 그대로 타이핑해서 나만의 광마집을 개인 소장용으로 제본해 간직하고 있다.

마광수 교수는 우리나라 최연소 국문학 교수가 되었으며, 국내 최초로 '윤동주 연구'로 박사학위를 받으신 시인이자 소설가이기도 하고 화가셨다. 그래서인지 부분적으로 시풍은 시인 윤동주와 맥을 같이하는 느낌(주관적 판단)이 들었다.

원래는 화가의 길을 가고 싶었는데 가난한 형편 때문에 연세대에 입학하여 장학금을 받으며 국문학을 전공하셨다 한다. '즐거운 사라'로 필화사건을 겪은 후 평범하지 않은 삶을 사시며 평생 고독과 싸움 하며 많은 저서를 남기셨다. 본인의 말을 빌리자면 컴맹이라 대부분 수기로 작품 활동을 하셨다고 했는데, 일일이 원고지에 직접 쓰거나, 타자기에 의존하거나 독수리타법으로 글을 쓰느라 강의 시간 외에는 거의 집필에만 평생을 쏟으신 것 같다.

그분의 저서를 읽다 보니 많은 부분이 중복된 것도 있고 외설스러워 민망한 부분도 있었다. 하지만 '시학'을 읽으며 독학으로 시를 쓰기 시작했는데, 후에 필자를 지도해주신 선생님께서 유명 시인의 시를 필사하는 것도 글을 쓰는 데 많은 도움을 준다고 하셨다.

살아생전 TV 프로그램에 나와서 인터뷰하는 모습도 종종 봤지만, 몸이 허약한 체질인 데다 필화사건으로 평생 마음고생을 많이 하셔서인지 그분의 재능을 제대로 평가받지 못한 듯해서 안타깝게 여겨진다. 그분의 생전 모습은 갸름한 볼에 발음이 어눌한 느낌이 들었는데, 형편이 넉넉지 못해 돌팔이에게 치과 치료를 받다가 치주염이 악화하여서 고생했다는 얘기를 그분 글에서 읽은 적이 있다.

필자가 치과의사이다 보니 눈에 확 들어왔다. 요즘 시대에 틀니나 임플란트가 보험 치료가 돼서 경제적 부담이 많이 줄었는데도 불구하고 내가 개원하고 있는 이곳은 시골이라 아직도 치과 돌팔이가 많다. 사회를 좀먹는 돌팔이들이 약하고 거동이 불편한 환자들에게 파고들어 값싼 치료로 환자들을 현혹하며 구강질환을 심각하게 악화시키고 있다. 돌팔이들이 임플란트 시술까지도 하고 그런 자들이 곳곳에 존재한다고 하니 치과의사로서 새삼 경각심이 느껴진다. 돌팔이 치료의 위험성을 알리는 계기가 되었으면 한다.

그분이 떠나기 몇 년 전에 출간한 선별 모음 시집 '시선'에 수록된 '자살자를 위하여'란 시를 읽으며, 염세적인 성향으로 그런 선택을 하셨나 하며 안타까운 생각이 들기도 했다. 그에 반해 사십여 년 전, 그분이 20대 쓴 첫 시집 광마집에 그 시가 수록된 것을 보면 많이 다른 게 느껴진다. 필사한 그의 첫 시집 '광마집'은 1951년 생인 그분이 십 대에서 이십 대에 걸쳐서 쓴 시들인데 정신적으로 꽤 성숙한 느낌을 준다.

사십여 년이 지난 지금도 그 당시의 광마의 생각을 엿보는 게 색다르게 와 닿는다. 초기 작품에는 외설적이라는 느낌을 받지 않았는데, 연이어 나온 작품들이 제대로 평가받지 못한 그 당시의 풍조에 상당히 실망하셨던 것 같다. 예를 들어 소설 '즐거운 사라'는 그 당시 우리나라에선 출판 금지되었지만, 일본어로 번역되어 일본에서는 베스트셀러 1위에 오르기도 했다고 한다. (참고로 사라라는 여주인공의 이름도 '사랑'의 'ㅇ'을 뺀 순수 한글 이름이다.)

요즘 들어 도덕이 무너지고 욕설이나 비속어가 유행어가 된 세태에 마광수 교수의 표현들이 오히려 자연스럽고 순수하게 받아들여지는 느낌도 있으니, 어느 것이 옳은지 그른지도 구분이 안 되지만 여하튼 한국 문학사에 뚜렷한 발자취를 남기신 분인 듯하다. 훗날 제대로 된 평가를 받아 외설 시비에 종지부를 찍고 한국문학과 예술에 기여하신 분으로 기억되길 빌며 고인의 명복을 빈다.

그분을 생각하다

-마광수를 생각하며-

세상 삐딱하게 바라보기
관능적 배설
지적 유희에서의 탈피
자신 있게 드러내 놓기
내적 금기의 금기

품고만 있었던 광마
괴팍스런 세계
예술과 외설의 경계
감춤과 들춤의 부조화
내던진 현실에서의 자유

찾으려니 저 멀리에
무심한 세월
우수에 젖은 삶의 무게
점점이 쌓인 흔적들
저세상이 있을까······

콘도르야 날아라!

평창에서의 드론 공연이 특별하게 황홀했던 기억이 난다. 오래 전 초등학교 시절부터 조립품을 만들거나 공예품을 직접 만들어 친구들에게 자랑도 하며 은근히 으스대며 환심을 사곤 했다. 동전 모으기, 미니 장난감, 여행 뺏지 등 자질구레한 잡동사니들을 온 방 가득 채우느라 쓸데없는 곳에 용돈을 써 나는 혼도 많이 났었고, 엄마께서는 치우느라 애도 먹으셨다.

등산하다가 높은 산에서 아래로 내려다보면 지상에서 보는 세계와 많이 다른 것을 알게 된다. 한때는 '나도 날고 싶다. 조종사가 되고 싶다'라는 소망을 가진 적도 있었다. 뭔가를 하고 싶기는 한데 떠오를 듯 떠오를 듯하면서 혼란스럽기만 했던 그 무렵, 평소 잡다한 도구나 기계를 이용해서 공작물을 제작하는 취미가 있던 나에게 드론을 만들어보면 어떨까 하는 영감이 문득 뇌리를 스쳐 지나갔다.

그때까지만 해도 드론이라는 단어가 생소하던 때였다. 4차 산업으로 미래에 큰 역할을 차지할 거라며 드론에 관한 기사가 간간이 나오고 있었다. "맞다. 바로 그거다" 하고 손뼉을 치며 바로 드론에 관한 연구에 빠져들었다. 요즘은 획기적으로 드론 기술이 개발되었지만, 그때는 초창기 개발단계여서 오작동으로 추락사고도 잦고 고장이 잘 나서 큰 관심을 끌지 못하던 시기였다.

처음 시작할 때 초보용 드론을 구입해서 작동해 보니 초등학생 장난감 수준밖에 안 됐다. 뒷마당에서 작동하는 장난감 헬리콥터 수준이랄까??? 몇 번 작동해 보지도 못하고 고장이 나서 못 쓰게 되었지만, 부서진 드론을 해체해서 문제가 되는 부분이 무언지 알아보고 내구성을 강화하기 위해서는 어떻게 해야 할까 나름대로 진지하게 연구에 몰두했다.

프로펠러를 감싸는 연결 부위가 너무 취약해 착륙을 못 하거나 풍향과 풍속에 따라 심하게 흔들리거나, 살짝 부딪히기만 해도 파손이 되어 못 쓰게 되는 게 주된 원인인 것 같았다. 부품 교환도 잘 안돼서 파손된 부품을 직접 만들어 수리해 보기도 했다.

많은 시행착오를 겪으면서 고급용 드론을 구입해 보완해 응용해 보기도 하고, 주말엔 만사 제쳐두고 넓은 공터, 탁 트인 냇가나 둔치에 가서 조종 연습을 하며 기량을 쌓고 또 쌓았다. 수시로 먼지 닦고 기름도 치면서 그렇게 탄생한 드론과 한 몸이 되니 자식과 같은 애정과 애착이 느껴져 잠을 자면서도 보이는 곳에 두고 신주 모시듯 소중히 다루었다. 이 드론의 이름을 '콘도르'라고 지었다. (참고로 콘도르는 남아메리카주에 서식하는 맹금류이고 아마 독수리보다 더 큰 신비의 새로 알려져 있다. 사이먼 앤 가펑클의 'El condor pasa' 동영상에 나오는 새로 유명하다.)

콘도르를 가지고 응용하고 연구하면서 업그레이드 시켜나갔다. 풍향 풍속이 변해도 중심을 잡고 그 위치를 유지하거나 여러 드론이 한꺼번에 비행해도 자체 센서로 부딪히지 않게 하는 기술과, 비행시간과 거리를 늘이고 드론을 이용해 이동할 수 있는 물체의 무게를 늘이는 게 관건이었다.

이러한 고심을 하던 차, 많은 연구가가 이러한 문제점을 발 빠르게 개발하고 실용화하기에 이르렀다. 요즘은 드론이 획기적으로 개발되어 많이 실용화되어 있다. 오지나 섬의 응급 의약품이나 물품 배달을 위해 실제 드론이 활용되고 있고 드론의 최첨단 기술을 이용한 환상적인 공간예술을 보면 가히 경이로운 수준이다.

전시용이나 응급용 등 다양한 분야에, 이전에 상상도 못 한 드론의 활용성이 무궁무진한 듯하다. 지금도 세계 곳곳에서 주목받는 지능 산업으로 끊임없이 드론이 개발되고 있다. 그러한 집약된 기술이 실현되어 2018년 평창동계올림픽 개회식과 폐회식 때 드론으로 펼쳐진 예술 공연은 정말 환상적이었다. 어떻게 그렇게 정교하고 한 치의 오차도 없이 스타디움의 밤하늘 전부를 수놓을 수 있었는지? 환상의 세계에 살고 있는 그 황홀한 기분, 남들은 그냥 멋있다고 봤겠지만, 난 아직도 뇌리에서 밤하늘을 떠다니는 수많은 드론이 수천 개의 별 하나하나가 되어, 우리 가슴속에 수를 놓고 뿌리는 것 같았다.

그 밤하늘에 나의 콘도르가 함께 훨훨 날아가 수천 개의 별을 이끄는 꿈을 꾸며 신주처럼 나의 책상 위에 고이 모셔져 있는 콘도르를 보며 피식 웃어본다. 날 수 있게 해 달라고 애원하듯 바라보면서 한심한 나를 채찍질하는 것만 같다.

우리에겐 더없이 넓고 아름다운 세계가 있다. 콘도르를 보며 꿈에서 보고 느낀 새로운 아이디어가 뇌리에서 지워지질 않는다. 콘도르! 콘도르! 하며 콘도르만 생각하니 콘도르 꿈을 꾸고, 깨어나서 피식 웃으며 '엘 콘도 파사'를 다시 들어본다. 내 마음속의 콘도르를 끌어내서 저 하늘 높은 곳으로 나의 콘도르를 멀리멀리 날려보낸다.

콘도르[2]야 날아라!

저 아래로 내려다본다
어디라도
날아가고 싶어
온 세상이 내 품 안에

하나하나 미소 지으며
유유히 떠다니다
밤하늘에도
내 가슴 속에도 수를 놓는다

콘도르야 날아라!
멀리멀리
꿈과 희망을 품고
저 하늘 높은 곳으로

---

2 콘도르: 남아메리카주에 서식하는 신비의 새. 여기선 필자의 드론 이름

2부

우리의 세상
차마고도 염정 소녀
땅을 밟으며
임상실험
꽝!
틀니 환자
아픔을 함께 나누며
수달의 꿈

우리의 세상

　주로 '삼국유사의 고장' 고향 군위에서 평생 살면서 자연을 노래하거나, 자랑스러운 우리 대한민국을 사랑하는 마음, 나라를 수호하기 위해 희생한 선열들을 기리는 한편, 살아오면서 추억 속에 묻어둔 크고 작은 일들에 대해 회상하며 매 순간 소중하게 생각하며 살아왔다.

　숱한 세월을 거치며 변화의 시대를 몸소 체험하며 그 소중했던 추억도 요즘 시대의 젊은 층에는 먼 나라 얘기가 되어 버려 아쉬움도 있지만 문명의 혜택을 받으며 편한 시대에 살고 있다. 1988년 서울 올림픽과 2002년 월드컵 축구를 계기로 우리나라의 지위가 급격하게 상승하며 국제사회의 중심 국가가 되었다고 생각한다.

　필자는 직업적 소명 의식을 갖고 열심히 살고 있지만, 주로 실내에서 보내는 시간이 대부분이라 항상 작은 일탈을 꿈꿀 때가 많다. 가까이 있으면서 여러 사유로 이른 나이에 유명을 달리한 분들을 떠올려 보기도 하고 살아오면서 나름 적지 않은 다양한 경험도 했다고 생각하기도 했다. 그래도 건강을 유지하며 오래 사는 게 가장 큰 소망이 아닐까 싶다.

그 이전에는 꿈에도 생각지 못했던 자동차, 컴퓨터, 휴대폰, 인공지능, 비트코인, 다문화와 장수의 시대를 겪으며 예전 10년 동안 살면서 겪은 일이 1년도 채 안 걸리는 것처럼 빠르게 변화하고 있다. 이 모두가 기성세대의 피와 땀으로 이룬 결실이라 믿으며 감사하는 마음뿐이다.

지금까지 남북으로 대치된 상황에서 많은 위협적인 사건들을 겪으며 살았다. 외국에서는 불안한 나라라고 인식되어 있을지 몰라도, 투철한 반공 의식이 있는 국민의 한 사람으로서 언제든지 국가를 위해 봉사한다는 마음을 갖고 있는 이상, 어떠한 외부의 공격에 대해서도 두려울 게 없다. 국민 개개인이 이러한 애국심이 밑바탕이 되어 있어야 세상 어디를 가더라도 마음 놓고 뜻을 펼칠 수 있다고 생각한다.

한눈팔면 영토도 침략당하고 문화도 침탈당하는 걸 봐 왔고 현재까지도 진행형이다. 우리의 세상은 우리가 막강한 국력과 단결된 애국심으로 무장하고, 정의롭고 진실한 자가 인정받는 곳이길 꿈꾼다. 가고 싶은 곳 어디라도 갈 수 있는, 우리의 이상을 실현할 수 있는 곳이 우리 대한민국이다.

만주 벌판을 누리던 고구려의 후예들, 한반도를 넘어 태평양까지 지배했던 백제의 후예들, 삼국통일을 이룬 신라의 후예들이 무한한 능력과 잠재력으로 두각을 내며 지금 당당히 세계를 이끄는 선구자가 되었다. 범 세계화, 범 우주화의 시대에 앞으로도 어디서든지 당당하게 세상을 이끄는 중심이 되어 영원무궁한 대한민국이 우리의 세상이 되리라.

우리의 세상

눈을 감고 찾아간다 가고픈 어디라도…
희망봉에서 내려다본 태평양 대서양 인도양
세 대양이 합류하는 곳
돌고래처럼 솟구쳐 올라 온 바다를 누빈다

히말라야 에베레스트 정상
눈 아래 설산의 봉우리들
반사된 은빛 빛줄기
우주 공간으로 쏘아 올린다
북극점을 밟으며 빙빙 제자리 돌아본다
팽이처럼 지구도 돌고 나도 돌고
남극 세종기지 앞 펭귄과 친구 되어
빙판 위에서 신나게 얼음을 지친다

펼쳐본 세계지도
흥망성쇠 거듭하며 오늘을 지킨 많은 나라들
약육강식 자연의 법칙
일찍 깨친 선진국들
어두운 우리의 역사
더 이상 잃을 수는 없다

신비로운 백두산 천지
강치의 낙원 독도
인어가 손짓하는 이어도
지금처럼 영원히 우리와 함께

그 옛날 고구려 백제 땅 그리며
넓고 끝없는 대륙 바다의 끝
상상이 꿈이 되고 먼 훗날 현실이 되길
세계를 지배하는 우리 젊은이들
세상의 중심이 되는 우리 문화
인류를 한데 모으는
꿈과 희망이 가득한 나라가 되리

차마고도 염정 소녀

 차마고도에 다녀온 적이 있다. 오래전부터 태고의 역사를 고스란히 안고 있는 불교의 나라, 티베트 지역의 신비에 대해 막연한 호기심을 갖고 있었다. 그러다 TV에 방영된 티베트 지역의 차마고도 천연 염정에 대한 시사 다큐멘터리를 보다가 고산지대의 황토물이 흐르는 란창강의 좌, 우편으로 빽빽이 형성된 염전의 모습과 거기서 소금을 일구는 티베트 소녀를 우연히 보게 되었다.

 수십만 년 전에 바다였다가 융기된 그곳은 지금도 지층 아래에서 지하수가 솟아나듯 소금물이 끊임없이 작은 샘을 이루며 흘러나오고 앞으로도 계속 흘러나올 거라고 한다. 옌징이라는 지명도 염정(소금 우물)의 중국식 발음이다. 그 염정의 소금물을 담은 물통을 어깨에 메고 미끄러질 듯 좁은 밭둑길의 염전에 쏟아부어서 소금을 일구는 방식인데, 바닷가의 염전에서 백설 같은 소금을 캐듯, 천연 염정에서 캐는 소금은 상염정(강 건너편)의 백염과 하염정에서의 황토색 소금물에서 정제해 깨끗한 창호지에 수를 놓은 도화처럼 맑은 도화염(홍염)을 수확한다.

두 손으로 소금을 움켜쥐고 있는 세상에서 가장 아름다운 소녀의 모습을 보고 눈물 글썽이며 동경한 적도 있었다. 태양, 바람, 여인들의 눈물과 땀으로 이뤄진 애환의 삶, "저 소녀를 꼭 한번 만나보고 싶다"라는 꿈을 마음에 담고 있었다.

그러던 차, 차마고도 여행 제의를 하는 한 친구가 있어서 좋은 기회라 생각하고 흔쾌히 받아들였다. 염정 소녀를 만날 생각에 두근거리는 가슴을 진정시키며 "가자 티베트로! 차마고도로!" 속으로 외치며 여행하게 되었다. 생각은 누구나 할 수 있지만 행동으로 옮기기는 쉽지 않다. 기회가 왔을 때, 마음먹었을 때 결행하는 거야. 뭉그적거리며 고민하다 놓치는 수없는 후회와 아쉬움, 시간이 없어서가 아니고 시간을 내지 못해서임을 깨달았다.

얽매여 있는 삶에서 탈피하면 우리가 겪지 못한 끝없이 넓은 세상에서 자유를 만끽할 수 있는 것은 여행해 본 사람만이 느낄 수 있는 희열과 충만감이라 생각한다. 비록 관광 위주의 일정이었지만, 눈앞의 설경과 파노라마처럼 지나가는 풍광들이 이전에 체험하지 못한 신선의 세계에 온 것 같은 착각에 빠질 만했다. 이전의 다른 탐구가들도 그랬겠지만, 계곡을 이루는 암벽 사이에 드러난 지층의 색과 모양, 밀도 등을 놓치지 않기 위해 열심히 카메라 셔터를 눌렀다. 순간순간들이 그냥 보고 지나기엔 너무 아까운 생각이 들었다.

마음 한편으로 오랫동안 동경해 오던 티베트 소녀를 떠올렸다. 지금쯤 그 소녀도 가정을 이뤄서 예쁜 딸을 낳았으면 부모가 그랬 듯이 딸에게도 염전을 가르치며 염정 소녀로 키우고 있겠지? 문명의 혜택을 누리기 힘든 인적 드문 그곳에서 자연인으로 살아가고 있겠지?

그렇게 사는 것이 오히려 문명 세계에서 사는 것보다 더 행복할지도 모른다며 나만의 상상의 나래를 폈다. 끝없는 인간의 탐욕에 만족을 모르고 서로 경쟁하듯 살아야 하고, 오히려 잘사는 나라 사람들의 불만족 지수가 더 높다고 하니 우리의 삶이 갈수록 삭막해지는 듯하다. 그 모든 것을 잠시라도 떨치고자 여행길에 오른 우리에게 히말라야가 점점 가까워지고 있었다.

계곡 사이로 괴성을 지르며 굽이치는 장강의 저 물줄기가 꿈에 그리던 저 멀리 염정 소녀가 살고 있는 곳으로 흘러가고 있다고 생각하니, 곁에서 호흡하는 숨소리가 들리는 것처럼 가까이 느껴졌다. 그 소녀가 일군 도화염을 조랑말에 실어 저 히말라야산맥의 골짜기 길을 힘겹게 오르내리며 삶의 애환을 그리며 살아가고 있을 소박하고 순수한 눈망울이 다시 떠오르곤 했다.

하지만 안타까운 현실, 사람의 통행도 어렵고 기간도, 시기도, 일정을 잡기엔 현실적으로 너무 어려웠다. 넓디넓은 중국의 오지, 깊은 골짜기엔 아직도 문명의 간섭을 받지 않고 살아가는 민족도 많고, 가고 싶어도 갈 수 없는 미지의 세계가 너무나 많아, 현실적으로 여행하기엔 아직 원활하지가 않다. 언젠가 다시 찾아 포부를 펼치리라 다짐하며 심호흡 한 번 하고 두 손 높이 치켜들고 팔을 뻗어 보았다.

누군가를 그리워하며 내일을 꿈꾸며 살아가는 우리, 늘 갇혀만 살다가 뛰쳐나와 넓은 세상을 바라본다. 할 일이 아직도 많다는 걸 깨닫는 오늘이 있음에 이 순간이 소중하고 살아 숨 쉬고 있음을 감사드린다.

평생 가족과 사회를 위한 사명감이라 자위하지만, 좁은 울타리에서 일상을 보내고 있는 나 자신이 자꾸만 작게만 느껴진다. 아직 할 일이 많고 시간은 더 빨리 흘러만 간다. 새로운 꿈을 꾸며 가보지 않는 길을 걷기 위해 오늘도 명상하고 상상 속을 거닐기도 하며 닫혀 있는 문을 하나씩 하나씩 열어보고자 한다. 우선 창문을 열고 자연이 숨 쉬는 바깥공기를 들이마신다. 창가의 나뭇잎, 망울 터뜨리는 백합과 교감해 보면서…….

차마고도 천년 염정(鹽井)

순결의 땅 티베트 차마고도
천 년을 이어온 염전
소박한 꿈 갈망하며
어깨에 걸친 찰랑이는 염수통
한 줌의 소금을 위해
가파른 계단을 오르내린다

여인의 일로 전통이 되어
감내해야 하는 애환의 땅
운명이라 여기며 받아들인
건들건들 외줄 나무 계단을 오르내리며
천직이라 여기며
가족 부양만을 생각한다

저미는 삶 쏟어 담을 때마다
피어오르는 옅은 미소
눈물과 땀으로 일군 도화염
무거워도 좋다
많을수록 고통은 저 멀리
희망의 염전을 내려다본다

땅을 밟으며

　치과의사면서 다른 분야에 종사하시는 분들이 꽤 있다. 치과 진료하면서 보다 새로운 분야에서 삶의 의미를 찾으시는 듯하다. 삼국유사의 고장으로 많이 알려진 나의 생활 터전인 군위가 몇 년 전부터 대구 신공항 이전으로 핫이슈가 되었고 대구로의 편입 확정이 목전에 있을 당시에 부동산값이 폭등했다.

　이 지역에 부동산 사무실이 폭발적으로 많이 생겼다. 공인중개사 사무실도 아마도 한 지역의 단위 면적당 수가 전국에서 최고로 높은 정도가 되었다. 가게가 비게 되면 여지없이 대신 들어오는 게 부동산사무실이다. 그러다 보니 우연인지 필연인지 부동산에 관한 관심이 생겨 색다른 공부를 하게 되었다.

　예전에 내가 알고 있는 치과의사 한 분이 부동산 거래에 휘말려 고통받다가 비극적인 결과를 맞이한 안타까운 일이 있었다. 일반적으로 전문직에 종사하시는 분들이 주위 사람에게 현혹되어 큰 손해를 보는 경우를 많은 것 같다. 아무래도 경제적인 여유가 생기면 재테크에 관심을 두게 되니 잘 모르면 흔히 겪을 수 있을 것 같다.

치과를 개원할 때도 건물임대로 시작하는 경우가 대부분인데, 일례로 임대계약을 당일에 하고 대항요건을 갖추고 확정일자를 받았지만, 악덕 건물주가 당일 뒤늦게 제삼자에게 저당권설정을 해주게 되면 임대 계약은 다음날 0시 이후에 발동하기 때문에, 행여 경매에 들어가게 되면 2순위가 되어 등기부등본을 확인할 겨를도 없이 당하는 경우가 있다고 한다.

필자도 예전에 10년 가까이 저축한 돈으로 IMF 직전에 건물 지으려고 부동산에 투자했다가 비참한 결과로 오랜 기간 마음고생을 했었다. 미리 사전 지식으로 알고 있으면 보험에 가입하거나 법무사의 도움을 통해 예방할 방법이 있을 거라는 생각이 든다.

몇 년 전에 방송인 서○○ 씨가 공인중개사 자격증 도전에 성공했다는 얘기를 듣고, 필자도 직접 도전해 보자는 마음이 생겼다. 막상 공부해 보니 일상에서 우리가 알아두면 좋을 내용들이 참 많았다. 하지만 치과 업무와는 완전히 다른 방향인 공인중개사 공부가 쉽게 눈에 들어오진 않았다.

용어를 익히는 데 상당히 애를 먹었으나, 수십만 명이 이 공부를 하고 있다니 새로운 체험이라 생각했다. 그리고 이왕 칼을 뺐으니, 무라도 베어야 하는 심정으로 용어들을 숙지해 나갔다. 결과,

노력하면 이루리란 걸 새삼 깨달으며 올 한 해 근무 외 대부분의 시간을 부동산 공부로 마무리했다.

치과의사들은 정년이 제한되어 있지 않지만 대부분 공직에 있거나 일반 직장인들은 정년이 정해져 있어 정년 후의 생활을 걱정하고 있는 분들이 많다. 평균수명이 늘어나서인지 정년 후에도 많은 사람들이 일거리를 찾고 있다. 다른 직종의 사람들을 생각해 보기도 하고, 내가 만약 치과의사가 아니라면 정년퇴직하고 무엇을 할 수 있을까 하며 상상해 보기도 했다.

공부하다 보니 자못 비장해졌다. 지금 당장 직장을 잃으면 무엇을 할까 하는 절박한 심정으로 진료 외의 시간을 공인중개사 공부에 올인해 보았다. 그 결과로 자격증을 받으니, 기분은 좋다.

예전보다 치과의사 수도 많고 지나친 경쟁으로 서로에게 불신을 주는 현실을 보면 서글퍼지기도 한다. 나이가 들어갈수록 진료하는 우리의 감각이 예전 같지 않다. 체력 관리에 신경을 쓴다 해도 몸을 혹사한 나머지 무엇보다 시력이 떨어지고 이명에 시달리기도 한다.

환자를 위해 평생 진료에 임하는 자세가 우리의 주어진 의무이고 사명감이라 생각하지만, 우리도 남은 삶을 더 의미 있게 살 자격이 있다고 생각한다. 건강한 제2의 삶도 생각해 봐야 할 것 같다. 각자 건강의 차이가 있겠지만, 필자의 경우엔 시력과 손 감각이 떨어지게 되면 자발적 퇴직을 생각해 봐야 하지 않을까 스스로에게 질문한다. 마음먹으면 누구나 할 수도 있겠지만 실천에 옮기기가 쉽지 않다는 것도 알고 있다. 그런 연유로 공인중개사 업무를 보겠다는 건 아니지만, 새로운 공부를 시작하면서 진료실에서 벗어나 자연을 느끼며 임장활동 하는 소박한 꿈을 꾸며 참고 견딘 것 같다.

우리의 건강은 우리 스스로가 지켜야 한다. 몸을 혹사해 가며 진료에 임해서 건강을 해치거나 유명을 달리하신 분들이 너무나 많다. 늘 주장하지만, 몸에 무리가 올 정도의 스트레스와 피로는 진정 환자를 위함이 아니다. 건강하게 최상의 컨디션을 유지하는 게 환자를 위함이고 그들에게 해야 할 도리다. 이러한 평소의 생각으로 진료 외의 시간을, 글쓰기를 잠시 뒤로하고, 색다른 공부를 하며 몰입해 보았다.

많은 사람이 재테크의 수단으로 부동산투자를 으뜸으로 생각하지만, 철저한 사전 답사와 자료 조사에 신중히 처리하지 않으면 안 된다. 되돌릴 수 없는 게 부동산투자라는 걸 다시 한번 명심하게 되었다. 좋아 보이는 곳에 항상 함정이 있기 마련이고, 세상에 공짜는 없다는 게 만고의 진리인 것 같다. 시험 결과 발표 후 사서 고생한 공부에서 벗어난 이 자유! 아이나 어른이나 공부는 힘들다. 오늘도 퇴근 후 둔치를 걸으며 흙냄새를 마음껏 맡고 싶다.

연결고리

땅땅거리는 이 땅
내 것이 아니어도
이 모두가 내 것
물소리 바람 소리 흙냄새
값지고 형세 좋은 땅
누군가에게 인연이 될
사람과 땅의 만남

시심은 사라지고
감성은 뒷걸음치고
연결고리 만들어보자
저 멀리 들판을 보며
지형 좋은 산과 들
논두렁길로의 임장활동

솔향 나르는 바깥바람
과거 현재 미래의 땅
지금의 가치
무한의 가능성 찾아
멀리 꿰뚫어본다
땅! 땅! 시심 묻을 땅이여

임상실험

　새로운 의약품이 개발될 때마다 사회가 떠들썩하다. 어릴 적 만화 가게에서 만화책을 자주 빌려보곤 했다. 빌려본 책 중에 살 빼는 방법에 관한 장면이 기억난다. 대략 내용은 어느 뚱뚱한 사람이 의원에게 찾아가 살을 빼고 싶은데 비용이 들어도 좋으니 방법이 없겠냐는 고민을 듣고 처방해 주는데, 이 약을 먹고 열흘 후면 분명 효과가 있을 거라며 그때 다시 와 보라고 했다.

　정말 열흘 후에 홀쭉해져서 못 알아볼 정도로 야위고 핼쑥해졌지만 웃으면서 나타난 것이다. 이유인즉, 처방해 준 약을 먹고 잠만 자면 꿈에서 길바닥에 떨어진 돈을 줍고, 또 가다가 보면 금덩이가 나와 밤새도록 돈과 금을 줍다가 날이 샜다고 했다. 꿈속이지만 열흘 동안 줍고 걷다 보니 살이 빠지고 핼쑥해졌다면서 여하튼 효과를 봤으니 감사하다며 인사하고 돌아갔다.

　며칠 지나 이 소문을 들은 이웃에 사는 사람이 자기도 살을 빼고 싶으니 처방해 달라는 것이다. 그런데 이 자는 비용이 너무 부담되니 가격을 좀 싸게 해 달라며 세상에 흥정 없는 데가 어딨냐며 생떼를 썼다. 가격을 깎아달라며 집요하게 요구하길래 그렇게 해주겠다며 열흘 치의 약을 처방해 주었다. 약을 받아 간 그는 살이 빠진 자기 모습을 상상하며 살 빼기 작전에 돌입했다. 열흘 후 정말 몰라보게 살이 빠졌고 날씬해진 모습이기는 한데 왠지 다 죽어가는 몰골이었다.

그는 의원에게 찾아와 다짜고짜로 따지기 시작했다. 내용인즉, 약을 먹으면 잠이 오는데, 낭떠러지에서 떨어지거나 호랑이에게 쫓기는 꿈, 관가에 가서 곤장 맞거나 귀신에게 놀라 달아나는 꿈만 자꾸 꾸게 되어 살은 빠졌지만, 악몽에 시달려 죽을 뻔했다는 것이다. 의원은 어쨌든 살이 빠졌으니 된 거 아니냐고 반박했다.

그리고 당신이 하도 싸게 처방해 달라고 해서 싼 약을 처방했는데, 비싼 약은 길몽을 꾸고 싼 약은 악몽을 꿀 수 있다는 걸 얘기하기도 전에 급히 가버려서 할 수 없었다고 말하는 만화를 보고 한참 웃었던 기억이 난다.

이러한 잠재된 기억 때문인지, 임상실험에 관한 기사를 접할 때면 한 번 더 보게 되었다. 당뇨병 치료제가 이뇨 작용을 일으키는 다이어트 치료제로 개발되었다든지, 심장병 치료제의 부작용으로 발기부전 치료제로 개발되는 등, 의약품을 개발하기 위해 많은 실험을 거쳐 최종 인간에게 미치는 효과를 확인하기 위해 잘 알려지지는 않았지만, 수많은 사람이 실험에 참여하고 있다.

약효가 검증되지 않은 상태에서 실험 대상이 되기 위해 자발적으로 참여하는 사람도 있고 대가를 받고 행하는 경우가 있는데, 전자는 뚜렷한 치료제가 없는 절박한 희귀병 환자일 경우도 있고 후자는 금전적인 대가를 위해 위험을 무릅쓰고 참여하는 경우가 많다.

그런 실험을 통해 개발된 의약품들이 인류를 구원하는 중대한 역할을 했기에 숨은 공을 높이 평가해야 한다고 생각한다. 그런 연유로 기회가 생긴다면 인류에 기여하는 의약품 개발사업에 참여하리란 생각을 가끔 해본 적이 있었다.

그러던 중 우연한 기회로 옛날 본과 1학년 때, 알코올이 인체에 미치는 영향과 알코올 섭취 후 얼굴색의 변화에 따른 건강의 척도에 관한 연구가 있었는데, 적절한 액수의 실험참가비를 준다면서 실험 대상에 응하겠냐는 제의가 들어와 응했다. 빈속에 종이컵 한 컵 가득 정도의 소주를 마시고 한 시간 이상 경과한 후 피부색의 변화를 관찰하는 실험이었다.

공짜 술 마시고 한숨 자고 나니 실험이 끝났는데, 고생했다며 실험 대가로 얼마의 사례비를 받았다. 그 당시 학생 신분으로서는 꽤 큰 돈이었는데 그 돈으로 다시 친구들과 술 한잔했던 기억이 난다. 필자는 그 당시 여가에 잠시 짬을 내 실험에 참여했을 뿐인데, 얼마 지나고 나니 그 실험의 결과와 관련된 논문이 텔레비전과 언론 지상에 발표되는 것을 보고 정말 대단한 일에 참여했구나 하며 스스로 대견스럽게 생각하곤 했다.

이미 오래전에 발표된 사실이고 시간이 지나 대수롭지 않게 생각할지 모를 일이나, 내용을 간단히 설명하자면 알코올을 섭취하고 시간이 지날수록 얼굴색이 붉게 변하는 실험군과 변하지 않는 실험군을 비교해 본 결과, 변하지 않는 사람이 알코올을 해독하는 능력이 훨씬 더 유리하다는 사실을 입증한 것이다.

그 실험을 토대로 개인의 신체 조건에 따라 똑같은 술을 마셔도 반응이 서로 다르고 간의 해독 능력과 회복의 차이가 있으므로 음주 후 회복 시간이 차이가 난다는 것을 그때 이후부터 알고 있었다. 필자는 얼굴색이 변하지 않는 실험군에 속해 괜히 기분이 더 좋았다.

지금 우리나라는 최고의 의료 기술과 의약품으로 전 국민이 의료보험 혜택을 받고 있다. 우리나라는 임플란트가 보험이 되는 나라이다. 이가 없으면 틀니는 고사하고 잇몸으로 살던 기성세대로선 변화되는 하루하루가 새롭고 감사할 뿐이다. 그렇지만 의료혜택의 사각지대에 있는 분을 구제하려 애쓰고 오늘도 의약 개발에 기여하는 숨은 참가자들의 희생과 봉사에 진심으로 감사드린다. 나아가 희귀병, 난치병 치료제가 많이 개발, 생산되어 의료비 부담이 더욱 줄고 건강한 우리 사회가 되길 빌어본다.

임상실험

날씬해지고 싶다
살 빼고 싶다
다이어트 지방흡입
뒤따르는 부작용……

꿈에도 살 빼기 전쟁
망가지는 육신
있는 그대로의 모습
편하고 자유롭다

인류 공헌 인류 구제
난치환자 위해
숨은 기여자 되어
희열을 느낀다

의료 부담 줄어드는
끊임없는 의약 개발
웃음꽃이 피어나는
건강한 우리 사회

꽝!

　살면서 노력 없이 대박을 꿈꾸며 막연한 기대를 한다. 길몽을 꾸면 여지없이 복권을 산다. 대박의 꿈을 꾸며 로또복권을, 아니면 즉석 복권으로 그 자리에서 운을 확인한다. 꽝이어도 쉽게 자위하며 일상으로 돌아간다. 추첨을 통한 경품 행사에 기회가 된다면 누구나 할 것 없이 참여한다. 공짜심리가 발동하기 때문이다. 공짜라면 양잿물도 마신다는 우리의 공짜심리가 나쁘다고만 할 순 없다.

　지루한 학술대회나 공연 중간에 행하는 경품 추첨은 행사를 지루하지 않게 하는 맛깔스러운 묘미가 있다. 유독 더 잘 당첨되는 사람이 있다. 기회는 똑같은데 내게만 늘 꽝인가? '운칠기삼'이라 했나? 운도 실력이라고들 한다. 유달리 운이 틔는 사람과는 경쟁하지 말라는 격언도 있다.

　속이 덜 차서 나는 꽝, 복권 떨어지는 꽝, 별 볼 일 없는 꽝, 의도하지 않은 꽝, 꽝이라는 단어가 좋지는 않다. 그러나 꽝을 밥 먹듯 하며 살아가는 사람에게는 그저 익숙한 단어일 뿐. (지나고 보니 모두가 꽝은 아니었다.)

무엇이든 채우려고 노력했다. 물질적 욕망과 사회적 지위 그리고 경험하지 못한 그 무엇에 대한 호기심과 열망, 그것으로 쌓인 얕은 지식으로 인해 늘 부족함을 느낀다. 그로 인한 잡다한 생각으로 가득 찬 머리를 훌훌 비우고 싶을 때도 있다.

지금은 해제되어 자유로운 일상을 보내고 있지만, 길었던 코로나 정국에 우리의 삶도 변화가 많았다. 움직임의 시간과 공간에 제약받고 혼자만의 시간이 길어짐에 따라 외부로의 탈출을 꿈꾸면서도 막연한 그리움이 더욱 커져만 갔다. 막상 벗어나기 위한 노력과 실천해 보려고 마음먹었지만, 꽝이 되어버릴 때가 많다. 혼자만의 세계에 갇혀 헤어나지 못하는 이 고뇌의 순간을 어떻게 승화시켜야 하나?

배출을 위한 많은 방법 중 멍때리기 대회가 떠오른다. 매년 전국 각지에서 '멍때리기 대회'가 있다. 한순간이라도 바쁜 일상에서 벗어나 맑은 공기 마시며 심신이 가장 편안하고 이완된 상태를 체험해 보는 것도 괜찮은 경험이라 생각한다. 별난 대회라고 생각할지 모르겠으나 여러 가지 조건과 상품도 있다고 한다.

조용히 멍때리기를 해본다. 눈감고 때릴까? 눈뜨고 때릴까? 그냥 아무 생각 없이 편안히 등받이 의자에 기대어 멍하니 쉬어 보

자. 멍하니 모자란 듯, 조는 것도 아닌, 안 조는 것도 아닌, 바라보고도 아무것도 보지 않는다. 모든 생각 떨쳐버리고 멍하니 있고 싶다. 고개 끄덕끄덕 아무것이 없어도 아무것이 없지 않다. 멍때리기. 지그시 눈 감고 명상에 빠져든다.

비우는 것이 채움인가? 그리움이 사랑인가? 꽝이 아니라 충만인가? 끊임없이 찾아 헤맸던 잊어버린 그 무엇들, 꽝 꽝 비우는 것이 아니라 채움을 위한 집착이었던가? 정신 건강을 위해 단순해지고 싶다. 깊은 생각에서 벗어나고 싶다.

이오장 시인께서 '꽝'에 대한 소회를 말씀하셨다.
「중략…… 삶 전체가 안고 있는 온갖 그리움과 어느 갇힌 탈출에 대한 염원을 펼친다. 그리움에 억눌러 두드리고 두드려 보지만 하얗게 비워지기만 한다. 세월 속에 남은 흔적을 끄집어내어 다시 곱씹어 보지만 보이지도 들리지도 않는다. 어제도 꽝 오늘도 꽝, 헛울음으로 시간을 붙잡지만 어떻게 해소할 방법이 없다. 그러나 한 가지 방법은 남았다. 자신을 묶은 밧줄을 끊어버리면 된다. 꽝이 아니라 사랑이라 생각하면 된다. 내가 먼저 여는 문은 사랑으로 차오른다.」

의욕에 앞서 수많은 시행착오를 겪으면서 결과가 좋으면 그 모든 것이 반면교사가 되지만 과욕으로 인해 가지 말아야 할 길을 가서 후회하는 삶도 많이 봐왔다. 주어진 여건에서 최선을 다해 사는 게 지나고 보면 가장 행복한 순간이었다고 생각한다. 평범한 일상이 최고의 순간이 아닐까 하는 위안하며 꽝이라는 의미에서 그리움의 승화된 채움으로 희망의 꽃을 다시 심으며 더 나은 내일을 꿈꾸며 오늘에 임한다.

 하루하루 최선을 다해 살다 보면 좋은 일이 생길 거야. 노력하는 자에게, 간절히 원하는 자에게 기회가 더 많이 온다는 걸 믿는다. 하늘이 맑다. 꽝이 아닌 광(光)과 광(廣野)을 생각하며, 새 꿈을 그리며, 스치는 봄바람 봄 향기를 음미한다. 천리향 홍매화 라일락 수국이 봄을 맞을 준비를 하고 있다. 모란이 눈망울을 내밀고 있다. 정원의 빈 가지에서 수풀을 이루고 봄꽃을 터트릴 날이 머지않았다. 따스한 봄볕이 기다려진다.

꽝!

아무것도 떠오르지 않네
혼자가 되었다
제대로 갇혔다
감옥이 별건가
숱한 그리움의 억눌림
자유로워져야 하는데
배출되지 않는 찌꺼기

꽝! 꽝! 꽝!
의미 없는 두드림
멍때려보아도
그리운 이들 그려보아도
멈춰버린 순간들
하얗게 비워져 버렸다

세월 속에 스며든 흔적
끄집어내어 풀기도
그려도 보고 싶은데
왜 이럴까
보이지도 들리지도 않네
어제도 꽝! 오늘도 꽝!

틀니 환자

삼국유사의 고장, 군위가 2023년 7월 1일 대구광역시로 편입되었다. 전국의 시군구 중 소멸 도시 지수 1위, 평균연령과 노령인구 비율이 가장 높은 지역 중에 하나라는 불편한 기록을 보유하고 있다. 이러한 군위가 대구시가 되는 역사적인 순간이었다.

필자가 공중보건 치과의사를 시작으로 35년이 넘는 기간 동안, 경제적으로나 교육적인 이유로 이농인구는 증가하였고 유입 인구가 감소하는 현상이 지속해서 이어졌다. 그로 인해 자연적으로 인구가 감소하고 세월이 흐르면서 연령 증가로 인해 노령인구의 비율이 높아지게 되었다.

우리나라 전체가 부유해지면서 평균수명이 높아진 영향도 있지만, 여기 군위에서는 일흔 살로는 경로당에서조차 심부름하는 나이라며 우스갯소리를 한다. 육 자 달고는 두말할 것도 없고, 어딜 가도 일흔은 명함을 내밀기 어려울 정도다. 우리 어릴 적(대략 두 세대 전)만 하더라도 회갑연 한다고 동네가 떠들썩할 정도로 모두가 꽹과리 치고 장구 치며 푸짐한 음식을 나눠주며 축하해주었던 기억이 생생하다. 요즈음에 와서는 회갑 생일 축하를 해도 별로 내키지 않을 것 같다.

훗날 칠순 잔치도 마찬가지일 거란 생각이 들었다. 팔순쯤 되면 축하를 받으려나. 그때는 나이 먹기가 더 싫어질 수도. 우리나라가 잘살게 된 결과지만 여하튼 장수 시대로 돌입했다. 거기에 따른 노인복지 정책은 위정자에게 맡기고 감사하다는 마음으로 매일 임한다.

대구 시민이 된 첫날, 군위 역사상 처음으로 그렇게 많은 인구가 운집해서 축하공연을 만끽하며 영원한 화합과 발전을 기원했다. 모든 일이 군위 운명에 따라 잘 흘러가리라 믿는다. 통합된 대구시의 지도 모양도 남북으로 길쭉하게 특이한 양상을 띠고 있다. 대구 주변에는 인접한 시군이 많은데, 어떻게 군위가 대구로 편입되었는지 의문을 가지는 분들이 많이 있다. 이는 님비현상과도 관련이 있다.

주변 도시들은 대구공항과 전투비행장의 통합 이전을 아무도 원하지 않았다. 전투기의 소음피해로 군 공항은 싫고 민항공항은 좋다는 지역 이기심의 결과이며, 소멸 도시인 군위는 소음피해를 감수하면서도 고육지책으로 공항 이전을 수용한 유일한 도시이다.

그 결과 군위의 단독유치가 결정이 났는데, 뒤늦게 군위와 인접한 의성군이 공동 유치를 신청하면서 군위-의성 공동 유치가 되어 오늘에 이르게 되었다. 여러 가지 사정이 복합적으로 작용하여 군위만 대구로 편입되면서 대구공항 이전 사업이 활기차게 추진되고 있다.

군위는 대구와 가까운 거리지만, 팔공산을 경계로 도시와 농촌의 구분이 확연하다. 도시 근교에 살면서 완벽한 농촌 생활을 하는 것이다. 도시에서 겪을 수 없는 오일장의 시장 문화, 계절별 농업에 따른 일손 부족으로 농번기와 농한기에 따라 환자 내원 수도 급격한 차이를 보인다. 퇴근 후에 조금만 걸어 나가면 농업 현장을 바로 목격하고 체험할 수 있으며 항상 자연과 더불어 강바람과 흙내음을 맡을 수 있는 특권을 누리고 있다.

개원 초부터 지금까지 틀니 환자를 치료하면서 많은 환자가 세상을 떠나셨다. 연로하신 환자들이 찾아와 그때 그 원장임을 확인하고서 너무나 반가워한다. 그리고 그때 그 직원(사실 결혼 전부터 지금까지 30년 가까이 근무했다.)이 여전히 수부에 앉아 안내하고 돕는 모습에 놀라시면서 손을 꼭 잡는다.

덕담을 주고받을 때가 행복하다. 단골 할아버지나 할머니가 돌아가셨다는 소식, 옆집 누구누구가 먼저 떠나셨다는 얘기를 들을 때 안타깝다. 그래도 오래오래 사서서 백수하시기를 기원한다. 이러한 고령 환자가 많은 이유로 고정적인 단골 환자 중에 틀니 환자가 많을 수밖에 없다. 치과 임플란트가 보험이 된다 해도 상실 치아가 많은 경우는 적용 케이스가 제한적이다.

지속해서 관리받는 환자도 있지만 10년, 20년이 지나서 다시 찾는 환자도 많이 계신다. 어떤 연유든 다시 찾아주시는 환자분께 고맙기도 하고 언제 또다시 뵐지 기약할 수 없다. 언제나 다음을 기약하며 마음이 편하도록 최선을 다하고자 한다.

예전에는 치과가 주로 2층에 있었다. 환자들이 2층까지 올라오면서 숨이 차는지 얼굴빛이 변화가 있는지 등을 문진과 시진을 통해 참고하기도 했다. 요즘에는 다수의 환자가 노인이다 보니 엘리베이터가 없는 경우 계단을 올라와 치과 치료를 받기가 힘이 든다. 그런 이유로 군위는 아직 엘리베이터가 있는 개인 건물이 거의 없는 관계로 모든 치과가 일 층에 있다.

필자의 의원도 2층에 있었으나 환자들이 오고 싶어도 치과 치료보다 2층 올라오는 게 더 힘들다는 하소연을 많이 들은 터라 몇 년 전에 1층으로 이사를 감행했는데, 한결같이 출입하기가 훨씬 편하다고 하신다.

오늘도 장날 아침, 현관문을 들어오시는 할머니의 모습이 눈에 들어온다. 힘차게 들어오시는 분, 힘겹게 들어오시는 분, 들어오시는 분의 모습에 따라 마음의 무게도 달라진다. 나가실 때만큼은 힘차게 나가시고 다음 오실 땐 더 힘차게 들어오시길 빌며 오늘도 할머니 할아버지와 함께한다.

틀니 환자

기역 자 꺾인 허리
지팡이에 의지한 채
장날에 찾아온다
잇몸이 줄었나
잘 안 씹힌단다

이가 하나씩 줄어
많던 이 하나도 없네
세월에 짓눌린 잇몸
마주한 것으로 해결 끝
어린아이처럼 좋아하신다

손때 밴 지팡이
힘겨운 걸음걸이
언제 또 오시려나
이따금
문 앞에 떨어지는 부고 소식

아픔을 함께 나누며

살면서 우리는 차마 경험하고 싶지 않은 일들을 무수히 많이 보고 겪게 된다. 운 좋게 피해 갈 수도 있겠지만 맞닥뜨려야 하는 경우엔 슬기롭게 대처하는 수밖에 없다. 광우병 소, 돼지독감, 조류인플루엔자로 수만, 수십만, 수백만 마리의 가축을 살처분할 때는 동물들도 생지옥이지만 현장에서 근무하는 담당자와 종사자들에게도 끔찍한 일이다.

그로 인한 트라우마로 정신과 치료를 받는 분도 많다고 한다. 예전에는 살처분이라는 단어조차 생소했지만, 요즘엔 모두의 건강을 위한다는 명분으로 드물지 않은 일이 되었다. 동물을 희생시켜야만 인간이 산다고 하니 면죄부를 주는 잔혹한 일이다. 인간과 함께 살며 늘 친밀감을 유지하던 동물들조차 쥐, 파리, 모기와 같은 유해 동물과 해충처럼 취급해야 하는 현실이 가슴 아프다.

또 생태계를 파괴하거나 교란하는 까치, 멧돼지, 뉴트리아, 황소개구리 등을 퇴치하기 위해 살육을 하는 일들을 주위에서 흔히 볼 수 있다. 로드 킬로 도로에 희생된 동물들의 사체를 보고도 지나치는 사람들이 대다수이지만, 직접 수거해서 처리하는 분도 있기에 그냥 모르고 넘어가는 경우가 많다. 하고 싶지 않은 일이지만 누군가가 해야만 우리 사회가 자연스럽게 돌아가는 것이다.

이렇듯 동물들의 생명을 거두는 것도 고통스러운 일인데, 사람 사이에도 피치 못할 사정으로 고통을 늘 겪어야 하는 분들이 있다. 안락사가 부분적으로 허용되지만, 마지막 인공호흡기를 떼는 것과 관련되는 의료 현장에 계시는 분, 응급실에서 마지막을 지켜보는 분, 중상 입은 환자를 치료하시는 분, 수족을 못 쓰거나 거동이 어려워 치료 효과가 나타나지 않는 분들에게 희망을 주기 위해 기도하며 마음고생하시는 분들이 떠오른다.

주변에서 흔히 겪을 수 있는 고통인데도 불구하고 지금 당장은 내 일이 아니라며 입에 올리길 꺼리거나 괜한 고민을 미리 한다며 애써 외면할지도 모른다. 가족 모두에게 짐이 된다며 치매 아내로 인한 고통에서 해방하기 위해 극단적인 선택을 하는 노부부의 불행을 보노라면 괜히 우울해지기도 하고 해결책이 미흡한 사회구조가 한탄스럽기만 하다.

생의 마지막을 정리하는 호스피스 병동의 환자들과 그들의 마지막을 도와주는 봉사자들. 보이지 않는 곳에서 남들이 싫어하거나 외면하는 일을 나의 일인 양 당연하게 받아들이며 숙명처럼 생활하시는 숨은 봉사자들에게 고마움과 감사를 전하고 싶다.

　오래전이지만 우리 치과 환자 중에 근처에 있는 공단에서 근무하다가 불행한 사고로 고통을 겪었던 외국 근로자분이 있었다. 그 환자는 작업장에서 쇠꼬챙이가 왼쪽 눈을 관통해서 오른쪽으로 비강, 상악동과 상악골을 관통하여 안면부의 상당 부분이 손상되었다. 그 당시에 환자는 세상이 무너지는 고통이었으리라. 나조차도 너무나 끔찍해 떠올리고 싶지 않았지만, 지금도 그 모습이 지워지지 않는다. 남의 일이라며 넘길 수도 있겠지만 너무나 끔찍하고 흉측한 모습이었기에 사실 두렵기도 했다.

　의료인의 도리와 사명감으로 애써 태연한 척하며 최선의 노력을 했다고 자위하지만, 안타까움과 미안함을 씻을 수 없다. 사고 후에 뒤따른 책임과 보상을 우리 사회가 만족스럽게 해줬는지에 대한 의문도 들었고, 몇 개 남지 않은 치아를 치료하기 위해 내원한 환자를 위해 할 수 있는 게 한계가 있었기 때문에 아직도 가슴에 미안함을 간직하고 있다.

　살아가면서 예기치 않는 일들이 늘 일어난다. 화재 현장에서 인명구조와 수습하면서 겪는 처참한 광경, 코로나와 같은 전염병으로 위험에 노출된 위급환자와 함께하는 의료진과 가족들의 말로 표현할 수 없는 고통과 슬픔. 누군가는 해결해야만 하므로 지금 당장 내게 일어난 일이 아니라 해서 외면할 수는 없는 일이다.

보이지 않는 곳에서 묵묵히 참고 일하는 분들에게 감사하는 마음과 고통받는 분들을 위해 심심한 위로와 격려의 마음을 보낸다. 텔레비전 인터뷰에서 종종 '그 상황이면 누구라도 그렇게 했을 것'이라며 겸손해하는 의인들을 보며, 과연 내가 그 상황이 되면 그렇게 할 수 있을까 반문해 보기도 한다.

우리 주변에는 남을 위해 어렵고 하기 싫은 일을 묵묵히 하시는 분들이 참 많다. 그분들의 덕택으로 우리가 더 편하게 살고 있다는 것을 다시금 깨닫는다. 자본주의 사회지만 돈으로만 해결할 수 없는 것들이 너무나 많다는 것을 느낀다. 어려움을 겪고 있는 주위를 둘러보며 따뜻한 말 한마디와 작은 정성을 건넨다면 그들에게 크나큰 위로와 격려가 될 것이다.

지금의 우리는 예상하지 못한 같은 갖가지 역경과 싸우는 시국에서 희망의 끈을 놓지 않고 꿋꿋이 맞서고 있다. 이 어려움을 이겨내기 위해 서로서로 격려하며, 힘든 일을 나누고, 작은 것부터 살펴보고 실천하며 살아야겠다고 조용히 다짐해 본다.

아픔을 함께 나누며

쇠꼬챙이가 눈을 관통하고 입천장을 뚫었다
우째 이런 일이……
고통과 설움의 눈물 삼키며

타국 만 리 열악한 작업 현장
가족 생각하며 기계를 만지고 있었으리라

한 쪽 눈을 잃고
코를 잃고
위턱 윗니를 잃고
얼굴을 잃고
말을 잃고
사람을 잃고
웃음을 잃고
삶의 의욕마저 잃었다
모두를 잃은 되돌릴 수 없는 현실
그저 남아있는 아랫니 몇 개

지워지지 않는 섬찟한 얼굴
기억에서 사라지지 않는 희생자
일한 만큼 보상받는 곳에서
따듯한 온정으로
함께 이루어 가길 간절히 빌어본다

수달의 꿈

꿈을 자주 꾼다. 하룻밤 새 몇 번을 꾸기도 한다. 숙면하려면 꿈을 꾸지 않아야 하는데, 수도 없는 헛꿈을 꾸며 현실과 동떨어진 상상도 많이 한다. 수면장애로 평소에도 꿈 안 꾸고 푹 자보는 게 꿈이다. 스트레스를 많이 받거나 심리적으로 불안하면 꿈을 많이 꾼다고 하는데 그 이유는 잘 모르겠다.

전문가들은 숙면을 위해 적절한 운동과 규칙적인 취침 시간, 자기 전 간식 먹지 않기, 스마트 폰 안 보기 등 다양한 방법을 조언하지만 모두 지키기는 어렵다. 그냥 편한 대로 생활하며 꿈꾸는 것도 한편으로는 특별한 체험으로 받아들이고 있다.

그런 연유로 평소에 허황한 망상과 상상을 많이 해서인지 다양한 형태의 꿈을 꾸며 때론 꿈의 내용이 소재가 되어 나만의 심심풀이용 장편(掌篇, 정말 짧은) 소설도 써 보았다. 대개 그냥 지나쳐버릴 일도 나중에 쓰임새가 있을지 모른다며 그렇게 모은 글이 미공개 단편소설집 '백수의 꿈'이다. 꿈 일부는 가끔 실현되어 지금처럼 자판 두드리고 있는 게 신기하다고 자화자찬하기도 한다.

 정신없이 살고 몸이 고단할 땐 꿈도 잘 꿔지지도 않는다. 그런데 대수롭지 않은 일에 연연해하거나 성공한 사람들을 부러워하며 나도 저렇게 되었으면 하고 생각을 많이 하게 되면, 어느 시점에 뒤죽박죽 섞여 허황하고 연결이 되지 않는 꿈으로 나타날 때가 많다. 대부분 개꿈으로 넘겨버리지만, 간혹 너무 생생해서 실제처럼 느낄 때도 있다. 전혀 뜬금없는 꿈이라지만 뇌리에 남아 있던 기억이 연관되어 나타나는 경우라 생각한다. 언젠가는 평소에 상상했든, 실제 경험했든 그런 기억들이 꿈속에서 갖가지 형태로 변형되어 나타나는 것이라 믿는다.

 개인적인 생각이기도 하지만, 평소에 간절한 희망을 하거나 상상을 많이 하면 무의식 속에 저장되어 꿈으로 연관되어 나타날 확률이 높다는 것이다. 가끔이지만 꿈 깬 후 기억에 남은 장면을 소재로 쓴 글이 우스꽝스럽기도 하지만 글로 남기니 의미가 생겼다. 그런 경험에서인지 어렸을 적 수달이 기억에 남는 특이한 꿈을 꾸면 그림일기를 써서 남겼다. 그런 그림을 같이 보며 동심을 키웠던 시간은 세월이 지나도 잊히지 않는다. (호기심 많은 귀여운 동물인 수달은 수지의 어릴 적 애칭이다.)

 그림 그리기를 좋아했던 수달이 신기하기도 하고 오히려 내가 호기심이 더 생겨서 그릴 때마다 의미를 물으며 상상의 세계를 키워나갔다. 잘 그려서가 아니라 작가가 글로써 표현하는 것처럼, 생각하고 상상한 것을 그림으로 표현하는 게 신기했다. 세월이 흘러버렸지만, 그때의 동심이 여전히 내 가슴에 와닿는 것은 어떤 이유에서일까? 어린아이의 순수한 마음이 세월이 지나도 그대로 느껴진다.

지금은 매일 바빠 죽겠단다. 잠도 부족하고 식사할 시간도 없단다. 제때 전화할 시간도, 카톡 볼 시간도 없단다. 시시콜콜한 얘기를 들을 수도 없다. 예전에는 응석 부리진 않더라도 푸념이라도 해주는 딸이 그리운데 이젠 혼자 알아서 다 한다. 지금은 해줄 것도 별로 없다. 점점 멀어져 가는 건가? 마음껏 안고 업고 비비고 놀이하던 아이, 유난히 울던 작은 아이. 늘 품에 두고 싶은데 시간이 허락하지 않는다. '수달과 나', 즐겁고 재미난 어린 시절이 그립다.

전화하면 늘 정신없이 바쁘다고만 한다. 방해될까 봐 이해는 하지만, 건강을 해칠까도 걱정되고 짧은 몇 마디가 아쉬울 때도 있다. 딸아이뿐만 아니라 한국 사람들은 누구나 바쁘게 산다. 요즘은 어떨지 모르겠지만 공항에서 뛰는 사람은 한국 사람이 대부분이라고 한다. 같은 비행기를 타는데 뛰나 걸으나 결과는 마찬가진데 정신없이 달린다. 때론 우리 인생도 마찬가지 아닐까 싶다. 같은 결과에 대해 바쁘게 사는 사람은 늘 시간에 쫓기고 느긋한 사람은 늘 여유롭게 산다.

첫 월급 때 뷔페식당서 함께한 시간이 너무나 소중했다. 아직 품에 있는 딸이라며 감격해했다. 시간이 멈췄으면 하는 마음도 들었다. 때가 되면 독립하고 품을 떠나기 마련이지만, 품속에 있을 때 같은 수준의 대화와 정신세계를 공유할 수 있다. 사소한 하나하나에 의미를 두며 행복한 시간을 보낼 수 있었는데 독립한 딸을 보며 대견하면서도 마음 한구석이 허전하다.

어릴 적 귀엽게 행동하던 모습이 자꾸 떠오른다. 수달의 그림들이 소중한 보물이 되어 수시로 꺼내 본다. 내가 수달이 된 양 어린 시절의 순진하고 순수한 시간을 상상하며 꿈속을 거닌다. 특히 천문학과 공상과학 만화를 많이 읽어서인지 끝없이 넓은 우주를 상상하며 수많은 꿈과 희망을 키워나갔던 수달. 그 꿈 중 하나를 그린 수달에게 설명까지 들었다.

그때는 귀엽고 재미있었던 순간이었지만 지금은 하나의 작품 소재가 되어 주기도 한다. 함께한 순간들이 소중하지 않은 때가 없었다. 더 기억해 내야 하는데 더 많이 상상하고 공상해야 하는데, '수달과 같이'하면서 얻은 많은 소재를 되뇌어보며 혼자서 지긋이 미소를 지어본다.

수달[3]의 꿈

때는 쥐라기 시대
등 위에 화초 키우는 공룡
꼬리에선 구름 뭉치 만들어져
화초에 필요한 물 뿌려 줍니다
정성 들여 가꾸어진 화원
바라만 봐도 즐거운 토끼의 쉼터입니다

귀여운 모래늘보[4] 가족 지켜봅니다
거북이 물방개 쫓고 있어요
모두 신명 났어요

저 멀리 수풀 속
새들 노래하고
대지 가르는 무지개
꿈과 희망 선사하는
지상낙원이 여기입니다

---

3   수달: 수지의 어릴 적 애칭
4   모래늘보: 나무늘보 닮은, 상상 속의 육지 동물

그림: 이수지

그리운 곡선
거꾸로 흐르는 강물
김치 없이는 못 살아
마음이 가는 대로
어처구니가 없네
잠재된 로망
걷고 달리자
검정 고무신
잣대
현재는 없다

3부

그리운 곡선

한숨 돌릴 틈조차 없이 바쁘게 살아가는 현대인들에게 때때로 옛것이 그리워질 때가 있다. 어릴 적 시골에서 자랄 때 포대기에 싸여 엄마 등에 업혀 다녔던 흐릿한 기억, 구불구불한 산길을 거쳐 엄마 따라 시골 장에 갔던 기억, 비둘기호 열차가 고향 산비탈 저 너머로 천천히 지나갈 때면 낯선 이에게 무작정 손을 흔들었던 기억들이 지금도 뇌리에 아스라이 남아 있다. 그 시절엔 교통수단이 없어서 웬만한 거리는 걸어서 다녀서인지 시간개념도 느긋하고 여유가 있었다.

요즘에 와서 하는 일이 뭔지도 모를 정도로 바쁘게 살다가 잠시 멍하니 앉아 있을 때면 불현듯 옛날이 그리워지곤 한다. 너무 빨리 변해가는 지금 우리의 세상은 아차 하는 순간 시대에 뒤떨어진 사람으로 만들어 버린다. 컴퓨터와 휴대폰 등 현대의 문명 덕에 하루하루 변해가는 세상에 놀랄 뿐이다. 이러한 변화의 물결이 편리하고 이로운 점도 많지만 나도 모르게 기계의 노예가 되어가는 느낌을 지울 수가 없다.

현재의 바쁜 삶을 털고 심신의 여유로움을 찾기 위해 가끔 공원이나 옛 궁궐을 거닐다 보면, 구성된 것 대다수가 둥글고 굽어서인지 여유가 있고 편안해진다. 성벽이나 성문, 궁전 추녀의 휘어진 선, 곳곳에서 볼 수 있는 불상의 굵은 곡선, 궁궐 돌담길을 둘러보며 걷다 보면 마음이 여유로워진다. 익숙한 것들은 다 굵직하고 푸근한 곡선을 이루고 있다는 걸 발견하게 된다. 봉분이 여러 개 모여 있는 무덤가에서의 귀신 이야기도 이젠 옛 추억으로 묻히고 있다.

하늘 높이 대열을 이루며 날고 있는 기러기나 물 찬 제비의 곡선을 보며 안락함과 신선함을 느낀다. 이러한 것을 바라보고 생각하는 것이 현대인에게 필요한 충전재가 아닐까 생각한다. 생각해보면 과거와 현재는 곡선과 직선으로, 느린 것과 빠른 것으로 구분할 수 있을 것 같다. 빨라서 좋긴 한데 한 편으로는 느리고 굽은 것을 좋아하는 게 우리들의 본심이 아닐까.

헬스장에서 러닝메이트를 최고 속력으로 정해 놓은 상태로 한 시간을 쉬지 않고 달리기는 정말 힘들다. 아니, 실제로 이십 분쯤 달리고서 더 이상 달릴 수 없었다. 같은 속력으로 야외나 강가를 달리는 건 훨씬 덜 힘들고 더 오래 달릴 수 있다. 일정한 속력으로 앞만 보고 달리면 쉽게 지치지만, 땅을 밟으며 주변 자연물과 먼 경치를 보며 일직선이 아닌 중간중간 굽어진 길을 돌며 달리면 지루하지 않고 힘도 덜 들기 때문이다. 수시로 피부에 와 닿는 산들

바람이 기운을 상승시켜 준다. 역시 굽어서 여유롭다.

 빠른 물살의 계곡물도 거친 바위를 부수고 깎아 하류로 내려갈수록 느려지고 완만해진다. 큰 돌이 구르고 닳아 부드러운 돌과 모래로 바뀌는 자연을 보며, 고운 백사장의 모래를 움켜쥐기도 하고 모래 탑을 쌓으며 동심 속으로 빠져든다. 눈이 쌓인 들판에 눈을 굴리며 눈사람을 만들고 대(大) 자로 누워 눈 자국을 찍으며 즐거워했던 어린 시절도 떠오른다. 이따금 혼자 강가를 걸으며 유유히 흘러가는 강물의 줄기가 저 멀리서 휘어가는 것을 보며 속도 조절도 자연이 알아서 하는구나, '천천히'가 참 좋다는 생각을 하게 된다.

 '빨리빨리'가 몸에 배어버린 우리 사회, 몇 초를 못 참고 재촉하는 사람들, 빨리한다고 시간이 더 남아서 쉬는 것도 아닌데 이렇게 쫓기며 살아야 하나? 빨리하면 할수록 더 많은 해야 할 일이 기다리고 있을 뿐. 시간이 있고 없고는 누구든 마음먹기에 달렸다. 할 일이 많아서, 시간이 없어서, 그리고 너무 바빠 밥 먹을 시간도 없이 살아야 하나?

 산을 오르내리는 일이나 산이나 바닷가의 둘레 길을 따라 힐링하는 것, 집 주위의 산책로나 강가 둔치 길을 따라 걷는 일, 모두가 운동하며 스트레스를 발산하는 일이지만 한편으로는 굽은 것을 따라가는 그리운 향수라고 생각해 본다. 오리 떼가 지나간 일렁이는 물결 따라 작은 원이 점차 커다란 원을 그리며 퍼져나가는 것을 보면서도 느긋해진다.

　도로를 따라 줄지어 늘어선 전신주보다, 바람에 일렁이는 풍성한 이팝나무가 친숙하다. 산책길 따라 주렁주렁 매달린 아카시아 꽃향기를 맡으며 열심히 걷고 달리며 굽어진 저 끝을 향한다. 시간에 쫓기지 않고 눈에 익숙한 것을 가까이하고 싶은, 바쁘지 않은 삶이 자꾸 그리워진다.

　세상 모두가 직선과 곡선으로 이루어져 있지만, 직선만 보면 시간에 떠밀리고 긴장되는 것 같고 곡선을 상상하면 마음이 푸근하고 여유로워진다. 초가집 지붕 위의 둥그렇고 누런 박, 우리의 마음을 넉넉하게 해주는 도자기와 항아리, 특히 엄마의 따뜻한 품과 손길이 더더욱 그립다. 굽은 것을 그리워하며 눈앞에 그려지는 그리운 곡선을 마음에 담아본다.

그리운 곡선

가뭇없이 사라졌다
보이지 않아도
향수에 젖어
곳곳에 잠겨 드는 정다운 곡선

점점이 이어진 곡선
강물도 휘어가듯
그리움도
훠이훠이 느리게 그려진다

초가집과 고층 빌딩
곡선 그리고 직선의 오늘
높아지고 빨라져 보이지도 않아

한옥의 추녀 달항아리의 선
굽은 것의 여유
엄마의 우윳빛 젖무덤
익숙하고 포근한 그리운 곡선

2021년 월간문학 6월호 신인 작품상 수상작

거꾸로 흐르는 강물

 대구 신공항이 들어서는 군위. 군위(軍威)라는 명칭은 신라의 김유신 장군이 백제군을 물리치기 위해 이곳 군위에 왔다가 팔공산 정기를 받아서인지 군사적 위세가 강하다고 해서 군위란 명칭이 유래되었다고 한다. 특히 군위는 예로부터 군사적 요충지였기에 각 면이나 고을의 명칭이 군사적 성향을 많이 띤다. 예를 들면 산성, 소보, 우보, 의흥면 등이 그렇다. 그 외에도 동네 이름조차 많은 곳에서 군사적 색을 많이 띠고 있다.

 다소 생소하겠지만 군위에는 남에서 북으로 흐르는 강이 있다. 우리나라 대다수의 강은 지형상 북에서 남으로 흐른다. 삼국유사의 고장 군위는 일연스님이 군위의 삼국유사 면에 있는 인각사라는 절에서 삼국유사를 집필하신 곳으로 잘 알려져 있다.

 부계면에는 돔 형태의 돌을 깎아 만든 삼존석굴이 있는데 제2석굴암으로 알려졌지만, 사실 경주에 있는 석굴암보다 200년 앞서 건축되었다. 발견이 늦게 되어 제2 석굴암으로 명칭이 되었다가 최근에 이르러 군위 삼존석굴로 명명하게 되었다. 군위가 대구광역시가 되면서, 대구는 팔공산을 경계로 구분되어 있던 행정구역이 팔공산을 품는 거대 도시가 되었다. 이제 대구광역시민으로서 자부심을 느끼며 군위에서만 보고 느낄 수 있는 거꾸로 흐르는 강을 소개하고자 한다.

오늘도 변함없이 쭉 늘어선 가로수가 나를 반기는 둔치 길을 산책하며 강의 물줄기를 유심히 쳐다본다. 바람 한 점 없을 때는 고요한 자연과 한 몸 되어 세상의 중심이 된 양 심호흡을 해보기도 한다. 무리 지어 다니는 오리 떼가 물살을 가르는 모습이 굵직한 파동을 그리기도 한다.

실바람이 불면 부는 방향대로 물결도 살랑인다. 그런데 이 강은 우리나라에서 유일하게 물이 남에서 북으로, 거꾸로 흐르는 강이다. 팔공산 골짜기에서 발원이 되어 북으로 북으로 군위의 끝자락인 소보 끝까지 꾸불꾸불 여러 차례 휘감으며 거꾸로 흐르다가 의성군 비안면으로 가서 낙동강과 합류하여 거기서부터 원래대로 남으로 흐른다. 대략 직선거리 50km(실제 100km쯤)의 강줄기는 북으로 흐르고 바람은 북풍이 불어, 서로 부딪히며 일으키는 파동이 신기롭다.

우리나라 지형상 강물은 북에서 남으로 흐른다는 고정관념이 있다. 그래서인지 분명 강물은 북으로 흐르는데 북풍이 불어오면

표면은 남으로 흐르는 것 같은 착각이 든다. 참 신기하게 생각하며 바라보곤 한다. 오랫동안 둔치를 거닐면서도 남에서 북으로 흐른다는 사실을 생각하지 못했다. 아니 거기까지 관심을 두지 않았다.

북으로 흐르는 군위 위천의 북풍에 일렁이는 윤슬을 보며 자연의 신비로움에 빠져든다. 바람이 세게 몰아치는 날이면 정말 강물이 위로 흐르는지 아래로 흐르는지 분간이 안 될 정도로 강물의 표면에서 기묘한 현상이 나타난다. 바람과 서로 부딪히며 싸우다가 각자의 길을 뚫고 나간다. 대수롭지 않게 보면 아무것도 아닐 수 있다. 하지만 다른 곳에서 체험하기 어려운 것을 보고 느낄 수 있어 특별한 것으로 여겨진다.

생뚱맞다 할지 모르겠지만, 거꾸로 흐르는 강을 관찰하며 오늘따라 둔치 길도 거꾸로 걸어보고 싶다. 앞으로만 걷다가 뒤로 걸어보면 처음에는 중심 잡기가 힘들어 비뚤비뚤 걷게 되지만 어느 정도 익숙해지면 잘 걷게 되고 발과 다리의 근육 발달에 많이 도움 된다고 한다. 거꾸로 걸어보니 재미있기도 하다.

둔치 길을 걸으며 다양한 체험을 하게 되는 이 순간이 너무 소중하다. 수시로 새 떼들이 전열을 이루며 맑고 높은 탁 트인 하늘로 날아가는 모습을 바라보면 가슴이 시원하게 뚫린다.

무심코 지나가는 우리의 일상에 전국에서 유일한 거꾸로 흐르는 강의 발견은 이미 이전에 알려진 사실이라 해도 새롭고 신기하다. 팔공산의 물줄기가 천 년의 세월이 지나도 변함없이 군위의 위엄을 안고 부딪히고 맞서 세상을 향해 나아가고 있다.

군위가 좋다! 자연이 좋다!

자연과 한 몸 되어

풀빛 신록의 둔치길
갈대밭 위 솟은 마른 갈대
꽃을 피운 양 웃는다
새순에 다 주고서 현재와 과거 공유한다
자연은 자연스러움을 간직한다

골골이 흘러내린 생명수
거꾸로 흐르는 군위 위천
맞바람과 마주하며 찰랑이는 물결
남으로 흐르는지 북으로 흐르는지
보고 또 보는 신비의 세계

팔공산 정기 한데 모아
북으로 북으로 신라의 위상 뽐내다
산책로 침범한 야생화
불편하지 않다 방해되지 않다
강물과 혼합된 자연의 냄새 온몸으로 스며든다

신선함과 새로움의 창조
군위가 좋다 자연이 좋다

김치 없이는 못 살아

　김치는 우리 고유의 전통음식이다. 우선 김치의 어원을 살펴보면 채소를 절인다는 뜻의 침채에서 딤채→짐채→김채→김치로 변모하면서 오늘날까지 김치로 부르게 되었다는 주장이 지배적이다. 삼국시대 고려시대를 거쳐 조선시대에 이르기까지 채소를 소금에 절여 먹어왔으며, 1700년대에 중국에서 배추를 들여와 배추김치가 대중화되면서 대표적인 김치라는 이름을 갖게 되었다.

　이전부터 각종 채소를 절여 먹던 김치 문화가 정착되어 있었으므로 우리에겐 특별할 것이 없는 단어다. 늘 우리에겐 생활화되어 왔던 김치는 김장 김치, 백김치, 총각김치, 갓김치, 파김치 등 삼백 가지가 넘는 다양한 김치 맛에 우리는 당연히 김치는 곧 대한민국이라는 자부심으로 살아왔다.

　요즘 들어 건강식품으로 인정되어 세계적으로 인기가 치솟으니 이웃 나라에서 자기네 문화라고 우기며 파오차이라며 소개하는 웃음거리를 자초하고 있다. 중국어인 파오차이는 채소를 절여서 만든 여러 반찬의 총칭일 뿐 배추김치와는 별개다. 일전에 중국의 유명 배우가 김치를 파오차이라 소개하면서 소금에 절이지도 않고 양념만 발라 만든 반찬을 자기네 고유의 전통음식이라며 유튜브에 올린 적 있었다. 하지만 발효시키는 과정과 젓갈 등의 재료를 쓰는 우리의 배추김치와는 근본적으로 다르다.

만약 우리 생활에서 김치가 없다면 어떨까 하고 상상해 본다. 어릴 적부터 길든 김치 맛에, 우리가 매일 밥을 먹듯 항상 함께한 김치가 사라지면 우리의 삶은 상상할 수도 없을 만큼 끔찍할 것이다. 우리가 매일 숨 쉬는 공기가 없다면 살 수 없듯, 김치도 우리에겐 공기와 같은 존재이다.

그런 김치를 예전엔 관심도 두지 않던 나라에서 자기 문화라고 우긴다면 우리 모두를 모욕하는 행위로밖에 보이지 않는다. 이렇듯 김치뿐만 아니라 각종 우리의 전통문화를 지키기 위해 잠시라도 방심해서는 안 된다.

김치. 중 고등학교 도시락을 싸다니던 시절, 콩나물시루 같았던 시내버스에서 책가방 모서리에서 김칫국물이 뚝뚝 떨어지고 교과서에 김치 물이 밴 모습이 특별할 것도 없었던 시대. 일 년 내내 도시락의 주된 반찬이었던 김치에 대한 애착이 남다를 것이라 생각한다. 더 오래전, 시골에서 살다 보니 먹을 게 부족했고 서리가 빈번했던 시대를 겪었다. (그때는 못 먹고 살던 때라 서리하다가 걸리면 애교로 봐주곤 했다.)

긴긴 겨울밤, 내기해서 진 사람이 이웃집 뒷마당 땅속 김칫독에 묻어둔 백김치와 그 속에 담긴 절인 무를 꺼내 오거나 땅속에 묻어둔 저장 무를 꺼내 와 간식 대신 먹었던 아련한 추억이 떠오른다. 누구 짓이란 걸 알아도 혼내지 않고 넘어간 경우가 대부분이었다. 동시대에 살았던 사람들조차 시골에 살지 않았다면 모를 추억들이라 생각한다.

김칫독 문화에서 발전되어 오늘날에 이르러 웬만하면 집마다 김치냉장고가 따로 갖춰져 있다. 김치냉장고가 집마다 있는 나라는 우리나라밖에 없을 것이다. 모 회사에서 판매한 김치의 어원인 '딤채'라는 이름의 김치냉장고도 한동안 인기를 누린 상품이었다. 이처럼 온 국민이 김치와는 불가분의 관계로 우리 생활의 일부가 되어 있다.

이렇게 태어나서부터 지금까지 김치는 늘 우리 곁에 있어 온 음식이고 오랜 역사를 지닌 우리의 입맛이 배어 각종 음식에 김치가 들어가지 않은 곳이 별로 없다. 라면, 찌개, 수육, 김치전, 보쌈 등 어디든 어울리지 않는 곳이 없을 정도로 우리 입맛에 익숙하다. 해마다 김장철이 되면 겨우내 먹을 반찬 장만하느라 산더미처럼 쌓인 배추를 소금물에 절이며 몇 날 며칠 애쓰시던 엄마의 모습이 떠오른다.

가까이 사는 친척이나 이웃끼리 서로서로 돌아가며 일손을 돕기도 하고 정을 나누며 장만한 김치가 너무나 소중한 우리 문화로 여겨진다. 요즘 들어서는 시골에 살지 않는 다음에야 핵가족 된 가정집에서 김장 김치를 담그는 것은 쉬운 일이 아니다. 부모님이 담가주는 김치를 갖고 와서 먹거나, 각종 명인의 손맛을 자랑하는 대량의 공장 김치가 대신하기도 하지만, 대부분은 우리의 전통 김치 담그는 방법을 고수하며 우리의 김치를 지키며 전통을 이어가고 있다.

눈뜨고 코 베어 가는 세상이라며 한순간만 방심해도 낭패를 본다는 각박한 세상에서 바쁘게 살고 있다. 당연히 우리 것이어도 조금만 방심하면 뺏어가려는 나쁜 습성은 세상 곳곳에 만연하고 있기에 스스로 애착을 가지며 지켜내야 한다. 우리 섬인 독도를 지켜야 하는 독도 사랑처럼, 당연히 우리 음식인 우리 김치를 지켜야 하는 김치 사랑을 실천해야 할 것이다. 전 세계 어디에서라도 즐기는 '김치는 곧 대한민국'이라는 자부심으로 조상 대대로 물려받은 우리 문화를 자손만대에 자랑스럽게 물려주어야 한다.

절이지도 않고 대충 양념 바른 것을 김치 담그는 모습이라고 보여준 다른 나라 배우의 연출에 쓴웃음을 지으며, 밥 위에 얹어 먹는 아싹한 김치 생각에 침이 고인다. 또 불판에 슬쩍 익은 묵은김치와 함께 먹는 삼겹살 생각에 퇴근 후 소주 한 잔이 간절해진다. 김치가 세계인의 입맛을 사로잡을 줄이야.

우리나라의 위상이 높아지니 우리 입맛의 특별함도 날이 갈수록 관심의 대상이 되고 있다. 특히 김치를 비롯한 채소를 이용한 건강식을 많이 먹는 사람이 충치 이환율도 낮고 치주가 훨씬 더 건강하다. 손쉽게 구하고 익숙한 인스턴트 식품을 자제하고 어릴 적부터 김치 사랑을 더 많이 심어주어야 할 것 같다.

김치 사랑

찬바람 이는 김장 시즌
앞집에서 한 포기
옆집에서 두 포기
보내온 엄마 김치
집집마다 색다른 김치 맛

한 줄거리 쭈욱 찢어
김치 하나로 밥 한 그릇 뚝딱
라면 찌개 수육 김치전 보쌈
어디든 풍미를 더하네

사시사철 행복 가득
대대로 길들인 맛
김칫독에서 김치냉장고로
새콤달콤 맛 깊어져
우리 전통 맛 이어져 가네

마음이 가는 대로

좋은 일이 생기면 한턱내는 경우가 많다. 자랑하고픈 마음이 있기도 하지만 기쁨을 함께 나누고 축하하고 같이 즐거워하는 우리의 좋은 문화라고 생각한다. 흔히들 한턱낸다고 한다. 우리 턱이 몇 개냐 물으면 치과의사는 당연히 위턱 아래턱 두 개라 말하지만, 일반적으로 아무 생각 없이 아래턱만 턱인 줄 알고 한 개라고 한다.

턱이 그 턱인지는 모르겠지만, 사실 우리의 턱이 위턱 아래턱 두 개니까 한턱낸다고 말한다. 사람 목숨이 하나뿐이니 내놓을 수 없듯이 턱이 하나면 감히 한턱내겠다고 하겠는가? (우스갯소리)

사람들이 흔히 음식점이나 술집에서 오늘은 내가 한턱내겠다고 호기 있게 질렀는데 집에 가서 잔소리 듣거나 뒷감당 못 하고 후회하면서 선심 쓰던 때도 있다. 상대가 경제적으로 여유롭지 못한데도 기어이 한턱내겠다고 우기는 바람에 얻어먹고도 괜히 부담될 때도 있다. 어느 때부턴가 서로 눈치 보며 신발 끈 늦게 매며 계산 피하려는 유머 프로도 보지만 이젠 서로 공평하게 1/N으로 나누는 합리적인 시대가 되었다.

예로부터 우리 민족은 인심이 좋아 베풀기를 좋아하며, 보여주기식이든 허례허식이 생활화된 영향 탓이든 조그마한 일이라도 한턱내기를 좋아한다. 기분 좋게 얻어먹고 덕담 나누며 즐겁게 보냈다. IMF를 지나고 외환위기를 겪으며 경제가 어려워지니 씀씀이도 줄고 자녀 수도 줄다 보니 개인주의가 팽배해져 남을 위한 배려도 줄어드는 경향이다.

그러다 보니 모든 지출도 1/N으로 자리 잡게 되고 오히려 그게 더 합리적이란 생각마저 든다. 1/N 하기 애매한 경우엔 자발적으로 먼저 부담해버리면 모든 게 깔끔하게 정리되는 경우가 많다. 별것 아니지만 주로 양보하는 사람이 늘 하게 되고 시간이 지나고 보면 그런 사람이 좀 더 남을 배려하거나 양보하는 경향이 있는 것 같다.

코로나 사태가 수습되고 난 후 공교롭게도 근래에 와서 청첩장과 부고장이 자주 온다. 주위에서도 경조사 부담도 은근히 신경 쓰인다는 말을 자주 듣는다. 필자 역시 지역에서 오래 근무하다 보니 별 상관없는 곳에서도 수시로 날아든다. 내 마음 편하기 위해 해야 할 때가 많다. 상호부조의 개념보다 개인정보의 노출로 인한 부작용일 수도 있다. 돌려받지 못할 부조금이어도 축하해주고 위로해 준다. 차라리 베푸는 쪽이 마음이 더 편하고 좋다.

필자의 경조사가 있었을 때는 무반응이었는데도 그저 아는 정도의 이웃에게서 청첩장이나 부고장을 받고 보면 고민이 되는 경우가 많다. 그럴 때 내가 받지 않았으니 할 필요가 없다는 식으로 자위하기도 하지만 마음이 편치 않다. 혹여 그 당시에 상대방이 연락을 못 받았거나 잊어버렸을 수 있다는 생각으로 이해하려 하지만 좀 억울해하면서 부조하게 된다. 후에 안 만날 사람이면 덜하겠지만, 가끔이라도 만나는 사이면 괜히 난처해질 수 있기에 차라리 기본 예라도 하고 나면 불편한 마음이 생기지 않기 때문이다.

모든 일은 이해득실로만 따지면 살기 피곤해진다. 알면서도 손해보고 모르면서도 손해보고 사는 삶의 지혜가 필요한 것 같다. 내 마음 편하기 위해 행하는 일이 꼭 나쁘다고 말할 수 없다. 금전적으로는 조금 손해 볼지라도 정신 건강에는 훨씬 나을 테니까. 애매할 땐 마음이 가는 대로 행하면 된다는 대학 동기의 말이 가슴에 와닿는다.

"마음이 가는 대로. 해야 하나? 말아야 하나? 좋다고 말할까? 가슴에 물을까? 하고 싶으면 하고 고민되면 그만둬! 후회하지 말자. 주저 말고 그냥 마음 가는 대로……"

사람과 사람의 만남. 사소한 일이어도 우리 턱이 두 개니까 한턱내는 건수를 자꾸 만들자. 조촐한 음식이나 소주 한 잔이어도 자주 만나 서로 정을 나누는 게 진정 살아가는 의미라 생각한다. 주고받는 정이 좋다. 퇴근 후 누군가를 만나고 싶은 화창한 오늘, 즐거운 하루를 위해 한턱을 내든, 한턱 얻어먹든, 뭔가 건수를 만들어야 봐야겠다.

나누기

혼자는 너무 많아
나누자 공평하게
부담 덜자 다 같이
1/N 점점 익숙해진다

좋아도 싫은 척
잔머리 굴리려다 머리만 어질
허세 부리다 후회하기 일쑤

시대가 변한 건지
내가 변한 건지
1/N 괜찮다
편하고 부담 없다

어처구니가 없네

 '어처구니가 없다'라는 표현을 종종 하게 된다. 어처구니는 주로 '없다'라는 말이 뒤에 붙어서 상상 밖이거나 한심해서 기가 막혀 말이 안 나올 때 쓰는 표현이다. 어원을 살펴보면, 맷돌은 아래위가 둥근 돌로 만들어져 있지만 손잡이 부분만 나무로 되어 있는데 그 손잡이를 어처구니라고 한다. 즉, 어처구니가 없으면 맷돌을 돌릴 수 없다. 아무리 급한 일이 있더라도 어처구니가 없이는 곡물을 갈 수가 없으니 난처하거나 황당한 일이 생겼을 때 '어처구니가 없다'라는 표현을 썼다고 전해진다.

 궁궐의 추녀 끝에 액운을 막기 위해 잡상(雜像)을 세웠는데 이 조각상을 '어처구니'라고도 한다. 이 조각상이 없으면 미완성 건축물이라 한다. 한편으로는 불이 났는데 처마 위를 보니 어처구니가 없었다는 것이다.

 살면서 어처구니없는 상황이 발생하지 않아야 하는데 뜻밖의 사건·사고가 발생하게 된다. 보이스피싱의 경우도 절대 당하지 않을 것 같은 사람이 예외 없이 당하는 것을 보면 웃을 일도 아니다. 더 지능화된 스미싱의 경우 설마 하다가 클릭하는 순간 미끼에 걸려 어처구니없는 일을 당하게 된다. 그런 일을 겪고 나면 순간 뭔가 씌었다고 한다. 아니 귀신에게 홀렸다고 푸념한다. 전자결제 하는데 머리는 정확히 지시하는데 손가락이 말을 안 들어 숫자 하나를 더 쓴다든지 다른 계좌로 이체되는 등, 조금만 더 신경 써서 하면 될 일인데 황당한 사고가 발생하는 것이다. 수습하기엔 너무나 많은 시간과 비용이 들기에 조심조심 신중히 미연에 예방하는 것만이 최선이다.

최근에 가까운 지인에게서 겪은 일인데 딸이 대학 합격 후 등록하는 과정에서 컴퓨터 입력에 오류가 생겨 등록이 취소되는 황당한 사고가 발생했다. 합격하여 축하받으며 즐거운 나날을 보내고 있었는데 등록 취소라는, 눈을 의심케 하는 사고가 현실로 나타난 것이다. 결국 온라인으로 해결이 되지 않아 청천벽력 같은 심정으로 해당 대학교로 허겁지겁 힘들게 찾아가 수습하긴 했는데 눈에 뭐가 씌지 않고서야 어째 그런 일이 생길 수 있을까? 내 일이 아니어도 그 당시 상황을 상상만 해도 아찔하다. 그나마 해결했으니 망정이지 한순간의 착오로 돌이킬 수 없는 불행이 오는 경우가 의외로 많다.

지나친 비약인지는 모르겠지만 눈 뜨고 코 베이는 세상에 살고 있다. 술값이나 음식값을 덤터기 썼을 때도 그랬다. 오래전에 친구

졸업식 날 인파에 밀려 어깨에 메고 있던 카메라를 잡으려는데 카메라는 없고 어깨에 끈만 댕그랗게 남아 있어 사진도 못 찍었던 너무 황당했던 기억이 떠오른다. 일어나지 않아야 할 일이 생겼을 때의 당황스러움이 되풀이되지 않게 매사에 방심은 금물, 좀 더 신중하게 처신해야 한다는 것을 스스로에게 주문한다.

일부 치과의사들은 보험수가보다 낮은 보철치료로 환자를 유인하기도 한다. 이에 따라 본의 아니게 피해를 보는 수많은 치과의사가 현실과 이상의 문턱에서 괴리를 느끼며 이따금 실의에 빠질 때가 있다. 정당한 진료비를 청구함에도 오히려 비싼 치과가 되어버리고, 기준수가 이하로 받는 치과가 양심 치과로 추앙받는 현실이 슬플 뿐이다. 이런 게 어처구니가 없는 현실이 아닌가? 남으면 된다는 얄팍한 상술에서 벗어나 양심적인 진료를 바탕으로 우리 모두를 위해서 힘들게 얻어낸 최소한의 기본수가라도 지켜 스트레스에 대한 대가, 정당한 기술료와 지식재산권을 인정받는 날이 오길 기대한다.

열거할 수 없을 만큼 많은 어처구니가 없는 사례들, 기가 막혀 말이 안 나온다는 일을 백 프로 막을 수는 없지만 조금만 더 신경 쓰면 줄일 수 있다는 생각이 든다. 예전에는 소심하다는 말을 들으면 내심 유쾌하지 않았는데 점차 무감각해지면서 지금은 아무렇지 않다. 오히려 세심하다고 자위하며 정교함을 요구하는 우리 직업상, 세심할수록 더 낫다고 생각한다. 예상할 수 있는 부작용에 대해 열심히 설명하고 꼼꼼히 챙기고 퇴근 후엔 스트레스에서 벗어나 자유로운 시간과 휴식을 취할 수 있는 삶이 우리가 바라는 삶이 아닐까? 가끔 들리는 어처구니없는 의료사고를 접하며 우리 모두 신중, 세심이란 단어를 가슴 깊이 꼭꼭 새겨 모두를 위해 미연에 방지할 수 있는 계기가 되었으면 한다.

어처구니가 없네

불이 났네
처마 위에 조각상이 없네
어처구니가 없네

맷돌 손잡이가 떨어져 나가
돌릴 수가 없네
어처구니가 없네

돈 떼이고 친구 잃고
도와주고 오해받고
농담이 진담되고

내겐
처마 위 조각상도 맷돌 손잡이도 없네
어처구니가 없네
기가 막히네

잠재된 로망

예전에 못 이룬 소망을 나이가 들어서 뒤늦게 시작하기는 쉽지 않다. 그런 연유로 생업이 아님에도 창작의 길로 들어선 예술가들이 예전부터 부러움의 대상이었다. 대학 때부터 치과 관련 공부만 하느라 인문학을 접할 기회가 아주 부족했다. 고등학교 때 배운 얕은 지식과 교양과정부 때 공부한 게 전부인 나로서는 특히 인문학에 대해 막연한 동경과 열망을 하곤 했었다.

하지만 일하며 가정을 돌보며 바쁘게 살다 보니(?) 가까이하기가 쉽지 않은 듯하다. 설령 시간이 나도, 놀면서 돌아다니느라 사색하고 독서할 시간은 별로 없었다고 해야 정확한 표현일 것 같다.

사실 예과 1년 때 졸작이었지만 단편소설 한 편을 모 신문사 신춘 문예에 출품한 적이 있었는데 내심 인문학에 대한 로망이 잠재돼 있었나 보다. 철부지 풋사랑을 노래한 전형적인 삼류 소설이었지만, 지금 생각해 보면 출품했다는 한 가지 사실만으로 평생 기억에 남는 추억이 되었다. 그게 계기가 되어 지금, 이 글을 쓰고 있는

지도 모르겠다.

   그때도 작가가 된 양 혼자만의 착각에 빠져 마음껏 상상의 나래를 펼쳐보았다. 로또 복권 한 장 사놓고 일주일 내내 혹시나 하며 기대하듯이, 행여나 입상되려나 기대하고 기다렸다. 탈락 후에는 현실과 동떨어진 꿈이었다는 걸 깨닫고 그 이후로 깨끗이 접었다. 안 될 줄 짐작했지만, 막상 떨어지니 마음이 그다지 좋지는 않았고 미련으로 남아 있었다.

   수십 년의 세월이 지나 다시 시작하는 게 쉽지만은 않았다. 나이 먹을수록 자신감이 줄고 뒤늦은 나이에 과연 해낼 수 있겠느냐는 불안감도 있었지만, 자꾸 미루다 보면 기회는 오지 않는다는 절박함으로 틈만 나면 글을 쓰고 시를 쓰기 시작했다.

   일단 저지르고 보는 그런 용기가 어디에서 나왔는지 모르겠다. 아주 부족하지만, 그 자체가 나에게는 새로운 도전이었다. 피하지 않고 부딪히는 일, 무모함을 감수하고 드러내 놓는 일, 그게 크나큰 무기고 자산이며 무슨 일이든 하면 할수록 힘들지만 그만큼 역량이 커가는 게 남다르다고 격려해 주시는 분도 있었다. 그러한 것들이 계기가 되어 뒤늦게 독서에 많은 시간을 들이고 있다. 주로 시집이나 예전에 관심 두었던 소설을 보지만 집중력도 떨어지고 눈도 쉽게 피로를 느낀다.

모든 게 때가 있다고들 하는데 좀 더 빨리 시작했더라면 이해도 빠르고 피로도 적으련만……. 여하튼 책을 잡고 있으면 시간도 잘 가고 의미 있게 보냈다는 생각이 들어 위안이 된다. 독서에 열중하다 보면 불현듯 한 단어가 떠올라 시가 완성될 때가 있다. 최소한 노트나 메모지 그리고 휴대폰이 있으니 순간 떠오르는 단어들을 잊지 않고 메모해 두면 글쓰기에 상당히 도움이 되는 것 같다.

한 번쯤 생각한 적이 있거나 꿈꾸고 희망한 적이 있었던 일에 대해 불현듯 기회가 와서 실행하게 될 때가 있다. 어쩌면 기회가 되어 할 수 있는 일들이 살다 보면 많이 생긴다. 현재 상황에서 시간도 없고 여건도 안 될 거라며 지레 포기하기보다는 인생 이모작이란 말도 있고 의학의 발달로 수명도 많이 늘었으니, 기회는 많다. 지금부터라도 예전에 하고 싶었던 일을 시작해 보는 건 어떨까?

여건은 만들기 나름이라 생각한다. 퇴직 이후의 새로운 삶을 위해서라도 다양한 취미생활과 소일거리를 만드는 준비를 해야 한다. 혼자가 되었을 때 시간을 보람되게 보내는 계획, 둘이 있을 때, 서너 명 있을 때, 여럿이 있을 때의 계획 등을 찾아서 준비해 보면 지금의 순간순간들도 도저히 허투루 보낼 수 없다. 어떻게 시간을 활용하느냐에 따라 훗날 삶의 질도 너무나 차이가 날 수 있으리라.

주어진 운명, 혹은 당연한 의무라고 생각하고 평생을 가족과 자식을 위해 헌신해 온 대다수의 중년 가장들의 고뇌를 누가 알아줄까? 젊은 시절 가족과 떨어져 몸을 혹사하며 헌신했지만 지나고 보면 허무함만 안겨주는 안타까운 사례들을 주위에서 종종 보노라면 마음이 씁쓸하다. 진료실에서 평생 보내는 것이 우리의 사명이고 행복일 수 있지만 잠재된 로망을 실천하는 시간을 계획해 봄이 어떨지 조심스럽게 권해 본다.

더불어 건강을 잘 돌보아서 최상의 의료 시술로 환자를 돌보고 가족 모두가 건강하게 활동하길 바란다. 몸이 쇠진하고 피폐해질 때 이르러서 뒤늦게 후회하지 말고, 오늘 하루하루 건강하고 밝은 시간을 보내는 것이 행복의 첫째 조건이라 생각한다. 백세시대에 더욱더 해야 할 일들이 많다. 하고 싶었던 무엇이든 미루지 말고 실행해야 한다. 깨어나야 한다. 깨어나지 못하면 돈만 벌고 희생만 하는 것이 행복이라 믿고 자위한다. 티베트 우화의 수달의 삶도 괜찮다면 괜찮은 것일 수도 있겠지만······.

렌착[5]

쓰러질 때까지
떠날 때까지
수달과 올빼미의 관계[6]

행복이 무엇인지도 모른 채
무조건적 희생인가
전생에 진 빚을 갚고 있나

조금만 더 조금만 더
끝없는 희생
깨지 못한 환상

벗어날 수 있을까
갈수록 옥죄이는
일상적 삶의 무게

행복의 비명이다
울분의 칼자루 내리쳐도
다시 반복되는 일상

---

5 렌착: 전생에 진 빚
6 티베트 우화 '수달과 올빼미' 인용

걷고 달리자

늘 하던 결심이어도 마음만 먹으면 누구나 할 수 있는 달리기를 꼭 권해 본다. 100세 시대에 가장 소중한 것은 역시 건강이다. 가족의 안녕, 친구들, 재산……. 무엇보다도 자신의 건강이 제일 소중하다. 심신이 건강해야 행복한 일상을 누릴 수 있기 때문이다. 맛난 음식 잘 먹고 적절히 운동하며 체력을 단련하는 것이 살아있는 증거이고 가장 큰 행복이라고 생각한다.

병원 침대에 누워 가족과 지인들이 아무리 맛난 음식 들고 찾아온들 마음대로 돌아다닐 수 있음만 할까? 건강한 사지를 위해 지금부터라도 관심 갖고 관리한다면, 앞으로 더 값지고 질 높은 삶을 누릴 수 있을 거라고 생각한다. 여건이 허락된다면 들판을 뛰어보자! 필자의 고장은 진료실 밖을 나가면 이내 들과 하천으로 연결되어 있어 마음껏 뛰고 달릴 수 있다. 여건이 허락되지 않을 땐 마음만 먹으면 누구든 주변 어디라도 걷고 달릴 수 있는 장소를 쉽게 찾을 수 있다.

주변의 학교 운동장이나 공원 산책로 가까운 하천 등, 일주일에 두세 번 아니, 단 한 번이라도 걷고 달리며 쌓인 스트레스 훌훌 털어내자! 실천에 옮기기도 힘들고 막상 달리다 보면 숨차고 지루하지만, 어느 단계를 넘어서면 달리고 싶어지는 욕구가 생긴다. 그런 이유로 마라토너들이 날로 증가하고 있다고 생각한다. 운동중독이란 단어를 이해하지 못했는데 마라토너가 되고서야 깨닫게 되었다.

처음 5km, 10km 구간의 단거리 마라톤에서 하프, 풀코스의 중장거리 마라톤까지 다양한 구간에서 몸이 허락하는 범위에서 열심히 달리는 쾌감을 느껴보자. 처음에는 숨이 차고 지치지만, 어느 순간만 잘 넘기면 호흡이 편해지고 적응이 되어 숨도 덜 차는 시점이 오게 된다.

그 고비만 넘기면 진정 마라톤의 묘미를 느낄 수 있다. 또한 달리면서 나름의 주법도 터득하게 되고 기록에만 연연하지 않는다면 10km는 가볍게 달릴 수 있다. 몸이 병들지 않았을 때 효과는 극대지만 탈이 난 후는 더 힘들다. 중병으로 고생하는 주위 사람들을 보며 언제든 자신이 그렇게 될 수도 있다고 생각하며 건강할 때 건강을 지켜야 한다는 조언을 많이 들어왔다.

자신과 외로운 싸움을 하며 개인기록을 조금이라도 더 단축하고픈 욕망. 그 기록까지는 바라지 않지만 하루 종일 실내서 근무하는 대다수 치과의사의 운명. 달리면서 스트레스를 떨쳐내고 척추를 쭉 펼치며 오장육부를 흔들며 신체 균형을 잡아주는, 비용 안 드는 좋은 취미 겸 운동이 마라톤이라 생각한다. 과체중이나 다이어트를 위해 달리기가 힘들면 빠른 걸음으로 걷다가 또 달리다가 반복하면서 거리를 늘려가면서 훈련하면 달리기의 참맛을 느낄 수 있다.

노후의 소중한 보물인 사지를 지금부터라도 가꾸며 단련해야 한다. 치아와 마찬가지로 허벅지 근육이 단단한 사람이 건강하게 오래 산다고 한다. 우리가 치아를 잘 관리해서 건강한 신체를 유지하는 것이 100세 시대에 소중한 재산이듯이, 나이가 들어서 가고 싶은 곳 어디든지 다닐 수 있는 단단한 두 다리가 제일 소중한 보물이라 생각한다. 주위의 자연경관을 바라보며 넓은 시야를 가슴에 안고 달려보는 것이 얼마나 행복한 일인가?

근래에 와서 코로나 팬더믹이 진정되고 다시 마라톤 붐이 일어나고 있다. 봄이나 가을철에 각종 마라톤대회가 개최되는데 많은 인파 속에 함께 달려보자. 축제의 분위기도 좋지만, 앞만 보고 달리는 쾌감과 스트레스의 발산을 위해 마라톤을 계속하게 되는 이유이고 완주 후에 받게 되는 메달과 기록증은 또 다른 성취감과 희열을 준다.

치과의사협회서 주최하는 스마일 런 페스티발에도 예전에 참여한 적 있었는데 한강 둔치를 달리며 가끔이라도 자신의 건강을 위해 뛰어볼 수 있는 계기가 되었으면 좋겠다고 생각한다. 그때 장기 기증 캠페인에 동참해서 가족과 직원도 장기 기증자가 되었다.

걷고 달리자! 틈만 나면 산책하고 걷자. 가까운 거리는(2~3킬로 이내) 주차하기도 힘든데 될 수 있으면 운전하지 말고, 무조건 걷자! 마음먹기에 달렸다. 예전에 걷던 거리가 지금은 너무 멀게 느껴질 수 있다. 거리가 멀어진 게 아니고 우리 마음이 멀어진 것이니 걷다 보면 예전보다 더 가까워질 날이 올 것이다. 이번 주말에라도 가까운 하천 주변이나 산책길을 마음껏 달려보자.

체중감량이나 나온 배를 넣고자 하려면 일주일에 세 번 이상 30분 이상(개인적 생각으론 1시간 이상) 달려야 운동 효과가 나타난다고 한다. 그렇게 해야 활성산소가 줄어들고 지방이 분해되기 시작해 꾸준히 운동하면 몸이 단련되고 가꾸어진다고 한다. 30분 정도 뛰다가 말면 운동은 되겠지만 오히려 식욕만 더 좋아지고 다이어트 효과는 적다고 한다. 한 번쯤은 죽어라 달려보자!

너무 힘이 들지만 오로지 완주해야겠다는 생각과 주변을 둘러보며 이전과 달라진 계절의 변화를 느끼며 달리기도 한다. 다소 쌀쌀한 날씨여도 오늘도 퇴근 후 달린다고 생각하니 괜히 가슴이 두근거리고 기다려진다. 달릴 수 있어 행복하다. 오늘부터라도 당장 가볍게 달려보자. 부지런하게 움직일수록 활력도 더 생겨난다.

마라톤

쿵덕쿵덕
달리고 싶은 자들의 목마름
탕! 앞만 보고 달린다
헉 헉 헉, 학 학 학
다리가 후들후들
빠져나가는 번뇌

숨이 끊길 듯 포기하고픈 유혹
외로움의 긴 시간 숨이 차다
가슴에 감기는 테이프의 환희와 희열
달려야 느낄 수 있는 가학적 고통

눈앞에 펼쳐진 또 다른 세상······
달린다
시간 속으로 나를 던진다

검정 고무신

냇가에서 고무신 배 띄우기 놀이하던 추억의 검정 고무신. 필자의 어린 시절엔 다수가 말표(상품명) 검정 고무신을 신었으며, 여자 신발은 고무신 모서리 부분에 촌스런 꽃무늬가 그려져서 구분되었다. 형편이 조금 나으면 흰색 고무신을 신었으며 그중 부잣집 아이들은 운동화를 신기도 했고 부러워한 기억이 난다. 검정 고무신이어도 처음 신을 땐 발이 좀 아팠지만 새 신이어서 기분은 좋았다.

좀 신다 보면 발이 적응하여 편해졌으며 사시사철 검정 고무신이어서 겨울에는 지면과 맞닿아 유독 발이 시렸고 동상에 걸린 사람들이 많았던 기억이 난다. 특히 겨울 초등학교 운동장에서 전교생이 교장 훈시 들을 때 발을 동동 굴렸던 기억을 요즘 아이들이 들으면 호랑이 담배 피우던 시절이라며 먹히지도 않을 것이다.

주로 맨발로 다녔기에 신발이 닳아 바닥이 얇아지면 지면에 닿는 가려움과 마찰로 따가움이 합쳐져 기분이 썩 좋진 않았다. 결국 신발에 구멍이 날 때까지 신다가 새 신 사달라고 졸랐던 기억들. 오래 신으면 늘어나기도 하고 구멍도 나서 달리다가 잘 벗겨지고 발바닥이 까지기도 했다. 필자는 전교생이 사천 명쯤 되는 상당히 규모가 큰 초등학교에 다녔다. 오전반 오후반도 있어서 혼잡했다. 신발장이 초등학교 교실 복도에 있었는데 검정 고무신이 너무 많아 바뀌기도 하고 잃어버리기도 했다. 실내화도 없이 학급 청소 때 교실 마룻바닥을 초를 칠해가며 맨발로 다니기 일쑤였다.

한 학급이 70여 명, 요즘에 비교하면 굉장한 숫자다. 한 반이 시골 전교생 수보다 많았으니 항상 북적북적 콩나물시루였다. 그렇게 많은 수였으니 신발 한 짝 잊어버려 애 먹은 적도 있었다. 바뀌었는지 누가 가져갔는지는 알 수 없으나 비슷한 신발이 너무 많아 한 짝 잃어버리는 경우가 자주 있었다.

어쩔 수 없이 원래 한 짝과 구석에 돌아다니는 여자 헌 고무신 한 짝과 짝 맞추어 신고 다녔다. 부모님께 혼나면서 짧은 기간이나마 새 신 사 줄 때까지 부끄러워도 맞지도 않는 고무신을 신고 학교에 다녔다. 그렇게 생활하다가 어느 순간부터는 우리가 모두 살기가 나아졌는지 유명 메이커는 아니라도 운동화를 신고 학교에 다니게 되어 검정 고무신의 기억이 점차 사라지게 되었다.

요즘에, 시골이어서 그런지 농사짓다가 급히 치과 치료 받으러 맨발로 오시는 분도 계신다. 그렇지만 맨발에 슬리퍼 신고 잠옷 같은 실내복 차림의 환자를 볼 때면 다소 당황스러울 때가 있다. 게

다가 양치도 하지 않고 몇 날 며칠 틀니를 씻지도 않고 틀니 손봐 달라는 환자를 대하는 게 다반사다. 비록 시골이라 만성이 되어 예사로 생각하지만, 환자 자신도 기본적인 예의를 지켜주면 좋겠다는 생각을 해본다. 최소한 치과에서라도 양치실에서 양치하든지 틀니라도 씻어 오면 좋으련만……

본론으로 돌아와 검정 고무신을 늘 신고 다녔던 그 시절 그 추억. 요즘이야 세상이 좋아져 고급 신발 중에서도 실용성보다도 유명 메이커를 더 선호하는 것 같아 씁쓸하다. 발이 편해야 피로도 덜 느끼고 잠자리도 편해지는 데 필요 이상의 굽 높은 신발을 신고 다녀서 발 건강뿐 아니라 무릎관절과 척추에도 무리가 가서 애먹는 예도 있다고 한다.

예전 오로지 검정 고무신 하나로 사시사철 겪었던 시절, 특별나게 더 추웠던 겨울도 아니었는데 유난히 발 시렸던 때를 생각하며 요즘처럼 잘 닳지 않고 통풍도 잘 되고 편한 운동화가 새롭다. 유행이란 게 무섭다. 닳아서 못 신는 게 아니라 싫증나서 버리는 요즘 세대가 자연스러운 것인지 내가 시대에 동떨어져 사는 건지 오히려 혼동된다.

최근에 딸아이로부터 발이 너무 편하다며 운동화 한 켤레를 선물 받았다. 마라톤을 즐기는 필자이기에 너무 기뻤다. 아까워서 달릴 때 닳을까 봐 외출할 때나 걸을 때만 신는다. 짚신 장수 헌신

신는다는 속담처럼 지나치게 아끼는 모습이 좋은 것은 아니지만, 신발에 얽힌 옛 추억 때문에 유독 신발은 아껴 신는 편이다. 오늘도 편한 운동화로 둔치 길을 산책하고 돌아오니 괜히 기분이 좋다. 새 신이어서 그런가? 새 신 신고 뛰어다니는 어린아이의 모습처럼 나도 그 기분 느껴본다.

검정 고무신

사시사철 검정 고무신
벗겨질까 봐
바통처럼 양손에 쥐고 띈다
닳아 구멍 날 때까지

맨발의 검정 고무신에서
가볍고 편한 운동화로
낡고 닳아서가 아니라
싫증나서 눈밖에

흘러간 흙발 검정 고무신
동심으로 돌아가
종이배 띄우듯 고무신 들어
하늘 높이 날려본다

잣대

둔치 길을 걷는다. 오늘따라 참새 지저귀는 소리가 유난히 거슬린다. 좋을 땐 노랫소리로 들리지만 싫을 땐 성가신 소음일 뿐이다. 요즘은 참새구이가 없어졌지만, 옛날 포장마차에서 참새구이를 파는 모습을 많이 보았다. 참새잡이 하는 엽사도 있었던 것 같다. 공기총에 납 탄을 넣고 쏴서 잡는 풍경을 본 기억이 난다.

먹을 것이 귀해서인지 움직이는 것은 다 잡아먹던 슬프고 암울한 우리의 과거 모습을 돌이켜본다. 시골에서 토끼사냥이나 까투리사냥은 다반사였다. 노래 가사에도 '까투리 사냥을 나간다'라는 구절이 있지 않은가? 참새는 집에서 기르기도 잡기도 쉽지 않은데 어떻게 그 많은 포장마차에서 팔고 있는지 궁금했다. 나중에 알고 보니 메추리를 참새로 둔갑시켜 참새구이로 팔고 있었던 경우가 허다했다고 한다.

예나 지금이나 속이는 것은 변하지 않았다. 요즘은 원산지나 비슷하게 생긴 사촌쯤 되는 고기나 물고기를 진짜로 둔갑시켜 파는 행위가 그런 류가 아닐까 싶다.

어릴 적에 마당의 참새를 잡으려고 시도한 적이 있었다. 바가지에 작은 막대기로 괴고 끈을 매달아 세워 놓고 쌀알 뿌려 놓고 멀리서 망보며 기다렸다. 참새가 들어가면 줄을 확 잡아당겨 가두는 단순한 방법인데, 만화에서나 본 것처럼 참새가 워낙 민첩해서 잘 잡히지는 않는다.

지금 둔치 길옆의 나뭇가지에 백 마리도 넘어 보이는 참새 떼가 시끄럽게 짹짹거리고 있다. 그런 추억이 떠올라 그물로 확 덮치면 한 소쿠리 물고기 잡듯 한 상자 가득 잡을 것만 같다. 불쌍한 참새를 잡을 생각하는 것이 미안하기도 하지만 모든 게 인간이 만들어 놓은 잣대일 뿐이라 생각한다.

한때 뉴트리아도 농가에서 고수익을 위해 사육하기도 했지만, 생태계를 파괴하는 주범으로 몰리고 까마귀가 과일 피해를 줘 지자체에서 둘 다 엽사들에게 보조금을 줘가면서 퇴치했으며, 어느 섬 지역에서는 흑염소가 너무 번식해서 생태계 균형을 위해 포획하는 상황을 보기도 했다.

일전의 뉴스에서 보니, 어느 섬마을에 생태계 복원을 위해 40여 년 사슴을 방목한 결과 개체수가 너무 늘어 민가 피해가 이만저만이 아니란다. 지금도 농가에 각종 야생 동물의 습격을 받아 피해를 보는 농민들이 속출해 대책을 세우기도 한다. 우리 하천의 물고기도 마찬가지다. 외래종인 배스와 블루길이 점령하고 토종어류인 붕어도 씨가 마른다고 한다.

대책은 무조건 잡아내어 동물사료로 쓰거나 맛있게 요리해서 먹는 것이다. 참새 역시 추수철 나락을 다 먹어 치워서 참새 떼를 쫓기 위해 소리 나게 하거나 허수아비를 세우던 모습이 너무나 낯이 익다. 그런 참새가 아침잠을 깨우는 자명종 역할을 할 때도 있고 '참새와 허수아비'의 노래 제목처럼 낭만적인 풍경을 연상할 수도 있지만, 유익과 해악의 기준은 우리가 정하는 때에 따라 달라진다.

예전에 닭을 기른 적이 있었다. 그때는 손수 기른 닭이라 차마 먹을 수 없어 계란은 먹어도 한동안 닭고기를 입에도 대지 않았다. 그러나 지금은 맥주와 함께 즐기기도 한다. 그런 맥락이라면 참새를 먹어본 적은 없지만 통구이 해서 소주 한잔하는 상상이 죄지을 상황인가? 우리가 먹고 있는 모든 생명체는 처음부터 식용의 유무가 정해지지 않았다. 우리 스스로가 묵시적으로 정한 기준일 뿐.

유익한 동물이었다가 해를 끼치는 동물로 전락하는 순간, 보호받다가 한순간에 나락으로 떨어지는 동물들의 운명이 안쓰럽기만 하다. 보호 종일 땐 식용이 안 되고 개체수가 늘어나 해로운 동물로 판정될 땐 식용으로 묵인되는 슬픈 동물들의 운명이 가슴 아프다.

TV에 '동물의 왕국'이란 프로를 즐겨 본다. 자연은 생존경쟁의 법칙을 따르며 먹이사슬의 균형을 이루고 있다. 강자든 약자든 가족을 양육하기 위해 필사적인 경쟁을 하고 그 과정에서 생사의 불편한 장면들을 보며 누가 더 옳고 그르다 할 것 없이 자연의 섭리를 따르고 있다. 우리 인간이 만들어 놓은 규칙으로 이로운 동물이 되었다가 해로운 동물로 전락하여 도태되는 슬픈 운명을 보게 된다.

둔치 길을 걸으며 시끄러운 참새 소리에 복잡한 생각을 하며, 옛날 먹을 게 귀했던 시대에 수확의 계절에 해로운 동물의 참새잡이를 떠올리며 요즘처럼 먹을 게 흔한 살기 좋은 시대를 감사히 여기며, 동물들도 다음 생엔 인간으로 태어나라며 위로해 준다.

자연의 말

필사적인 먹이 사냥
쫓는 호랑이 편들어야 하나
달아나는 영양 편을 드나
강자든 약자든 그 새끼는

약자 입장에 서면
달아나 살길 바라고
강자 입장에선
새끼 위해 성공하길 바라고

살아가는 방식 각기 달라
먹이 사냥을 위해
강자가 약자 취하는 동물 세계
쫓고 쫓기며 균형을 이룬다

밥만 먹고 살 수 없는 인간 사회
채우지 못해 아쉬워한다
하나 얻고 나면
다른 것이 또 손 내민다

저마다 이유 있는 투쟁 하며
힘 있고 가진 자의 정의
불만족한 불균형의 균형으로
우리 삶을 성찰하게 한다

현재는 없다

막연한 공상이 현실이 되다. 시골에 살며 밤하늘을 처다보며 유달리 반짝이는 별에 대해 궁금증도 생겼고, 작은딸이 어렸을 때 우주과학에 대해 질문이 많았다. 딸의 궁금증과 호기심이 더해져 색다른 친밀감을 느껴서 천체망원경을 하나 장만했다. 셀레스트론 9.25인치 반사망원경인데 무거워 딸 혼자는 다룰 수가 없다.

맑은 밤이면 옥상에 올라가 별구경 하자고 조르던 딸이 좋았다. 육안으로 보는 것보다는 더 선명하고 그 이상의 세계로 접어들었다. 플라이아데스 성단이나 오리온자리의 대 삼성 속의 소 삼성을 관찰하며 은근히 자랑스러웠다. 토성 띠는 말할 것 없지만, 겨울 늦은 밤이나 새벽녘에 목성과 띠 속의 대적점을 볼 때는 정말 환상적이었다. 참고로 지구의 자전 때문에 아이피스 속의 광경이 빨리 사라져서 적도의가 없으면 관찰이 힘들다. (적도의: 지구의 자전 속도에 맞춰 망원경도 똑같이 움직이게 해주는 장치)

이오, 유로파, 갈리스토, 가니메데의 위성이 시간이 조금만 지나도 각기 위치가 바뀌는 게 경이로울 뿐이었다. 때론 사자자리에서 유성우가 쏟아진다는 뉴스를 듣고 자다가 일어나 옥상에 올라가기도 했지만, 간혹 떨어지는 별똥별은 관찰했어도 비처럼 쏟아지는 것은 목격하지 못하고 추위에 떨기만 한 기억뿐이다. 그러한 관찰을 하며 이 광활한 우주 속의 티끌 같은 지구에 살고 있다는 걸 깨닫는다. 창문을 통해 꿈과 희망을 키워가며 앞으로 할 수 있는 일에 대해 설계해 보기도 했다.

세계 곳곳에서 가끔 쏘아 올리는 인공위성과 우주선을 보며 나만의 상상을 이어나갔다. 특히 달을 정복하고 개척하기 위한 인간의 노력이 현대에 와서 더욱 불붙은 것 같다. 슈퍼 문처럼 크게 보일 때는 쌍안경으로도 잘 보이지만 천체망원경으로 보면 달이 바로 옆에 있는 것처럼 보이기도 하고, 분화구들이 고요 속에 숨을 멈춘 듯 왠지 사막에 홀로 서 있는 것처럼 느껴지기도 했다.

주인 없는 넓은 달의 땅을 미국 부동산 중개업자가 주위의 이목을 끌며 실제 팔아먹었다는 것이 우습기도 하다. 영화감독 스티븐 스필버그나 전 조지 부시 대통령도 달 부동산을 취득했다고 한다.

그 당시만 해도 달은 공전과 자전 주기가 같아서 우리는 앞면만 보고 뒷면을 볼 수 없어 궁금했는데, 개인적인 관심 때문에 예쁘지도 않은 뒷모습을 먼저 볼 수 있었다. 요즘 들어 우주 강국이 되기 위해 많은 나라에서 유인 우주선을 발사하고 있는데 우리나라도 곧 동참하게 될 것이라는 소식에 기대가 된다.

최근 중국과 인도에서 달 뒷면에 우주선 착륙이 성공해 탐사하고 있다고 하니 많은 궁금증을 풀어 주리라 기대했다. 그런데 새로운 많은 정보를 주었지만, 밤 기온이 너무 혹한이라 기계들이 작동을 멈춰 더 이상 탐사 활동은 되지 않아 영원한 동면에 빠져 들었다니 아쉽다. 우리나라도 2030년까지 달 탐사 로켓을 준비하고 있다고 하니 우주 강국이 되어 달의 무한한 희귀 광물을 연구개발할 날이 오리라 믿는다. 보이저 1호와 보이저 2호가 발사된 지 수십 년이 지나 성간 우주 너머까지 벗어나 영원히 사라지게 될 운명에 놓이게 되었지만, 태양계보다 큰 무수한 은하를 상상하며 시공을 초월하는 세상을 꿈꾸게 된다.

꿈과 상상이 현실이 되었듯이, 그보다 더 넓게 상상한다면 블랙홀의 존재로 시공간이 압축되어 수십 년 거리를 몇 시간에 이동할 수 있는 날이 올지도 모른다. 영화에서 본 것처럼 시간으로의 여행을 정말 해보고 싶다. 가능할 수 있을 것이다. 당장 현재 유럽이나 미국 가는 데 12시간가량 걸리던 게 우리가 살아 있는 동안 한두 시간에 가능한 시대가 올지도 모를 일이다.

현재는 없다

사물을 본 순간 시간은 흘러갔고
이미 과거 속에 살고 있다
조금 전 얼마 전 몇 년 전……
오랠수록 기억에서 사라져

과거 속에 살고 있는 우리
과거를 먹으며 미래를 산다
과거 현재 미래가 접점 그리며
현재 같은 과거를 산다

무한대 우주 속의 태양계
티끌만한 곳에서 아웅다웅 살고 있다
빛보다 빠른 역사의 시간
과거를 현재인 양 착각하며 살고 있다

현재는 없다
우리가 생각하는 머나먼 미래는
이미 우리 영역이 아니다
시공간 초월한 하나의 점인 것을

4부

그림 위에 앉은 시
이 순간이 지나면
수학의 정석
일생일석을 꿈꾸며
우주쓰레기
수지와 같이
백수의 꿈(동물화가)
백수의 꿈(드러머)
백수의 꿈(염라대왕)

그림 위에 앉은 시

 2023년 7월 1일 군위군이 대구광역시로 편입되면서, 때맞춰 이전 시집 '그림 위에 앉은 시'를 출간하며 개인적으로 의미를 더했다. 대구 신공항 이전지인 삼국유사의 고장, 내 고향 군위를 배경으로 했다. 시적 배경과 그림의 소재가 대부분 군위여서 의미가 깊다. 전국에서 평균연령은 가장 높고 단위 면적당 인구밀도가 낮은 곳 중의 하나이다. 소멸 도시의 위협을 받기도 했지만 팔공산 정기를 받으며 항상 넓은 공간을 마음껏 누리는 특혜를 받고 있다는 점에서 한 편으로는 감사의 마음을 가진다.
 예전부터 남들이 쓴 시를 읽어보며 시집 속에 들어있는 삽화에 관심을 많이 가졌다. 개인적인 생각으로 삽화가 있는 시를 감상하면서 내용을 이해하기도 수월하고, 설령 이해 못 하더라도 지루하지 않다고 생각한다. 이해하기 어려운 시는 특히 그렇다. 그런 이유로 만약 내가 출간하게 된다면 삽화도 비중을 두어야겠다고 생각했다. 그렇기에 유독 삽화에 많은 관심을 두게 되었다. 의욕만 앞서서인지 시적 감흥이 우선이어야 하는데 그렇질 못했다. 결국 삽화를 준비하는 게 더 큰 과제가 되어 주위로부터 도움을 청하기도 하며 어려움을 많이 겪었다. 손수 그린 삽화가 시를 이해하는 데 더 도움이 되리라는 기대감으로 과감히 시도해 보기도 했다. 도전적 추구라고 자위하며 나름의 색깔로 작품 활동을 이어나가고 있다.

작품의 완성도나 표현력에서 신랄한 비판을 받고 있으나, 진정한 작가의 길을 걷는 데 소중한 자극이 되었고 쓰디쓴 보약과 같이 느끼고 있다. 그렇게 해서 출간한 '그리운 곡선'이 등단 후 첫 작품집이라 의미가 새롭다. 그러나 독자에게 더 다가갈 수 있어야 한다는 기대와 시에 대해 무한의 책임을 져야 한다는 생각에, 독자에게 공감이 가는 단 한 편의 시를 쓰는 것이 간절하게 느껴졌다.

무모하리만큼 용기 있는 시도와 도전은 좋았으나 시간이 지나고 보면 늘 아쉬움이 남게 된다. 불현듯 떠오르는 임팩트 있는 한 편의 시를 담기 위해 준비하는 자세는 변치 않으리라 다짐하며, 여전히 시와 더불어 삽화와의 조화에 신경 쓰고 있다. 이런 유별난 삽화와의 집념과 집착으로 두 손 든 아내가 삽화 그림을 돕기 위해 몇 년 전부터 수채화를 직접 배우기 시작했다. 아내가 그림의 소재를 구하느라 애를 먹은 적도 있다.

주로 우리 집 화단이나 이웃집에서 실물을 보거나 찍어온 사진을 참고해서 그렸다. 간혹 타지에서 특이하게 느껴지는 꽃이 있으면 오랫동안 관찰하고 여러 각도에서 사진을 찍어와 사실적인 표현에 노력하였다. 비록 부족한 부분이 있겠지만, 성숙한 작품을 향한 도약이라 생각해 주었으면 한다. 그 결과 아내가 그린 삽화를 이용하여 '그림 위에 앉은 시'를 출간했다.

시를 쓰면서, 나만의 색깔과 느낌이 꽂히는 한 수를 위해 항상 글을 쓰는 준비가 되어 있어야 한다는 시인 하청호 선생님의 말씀을 새긴다. 대화 중이거나 불현듯 떠오르는 단어나 문장이 있으면 그것이 독창적인 시적 소재가 될 수도 있다며 그 순간을 놓치지 않는 게 작가의 자세라고 말씀하셨다. 그렇게 시간이 흐르면서 나는 나대로 시를 쓰고, 아내는 아내대로 그림을 그렸다. 예전 삽화보다 더 나은 작품을 위해 애써주는 아내가 더없이 고맙게 여겨진다. 완성도 높은 시집을 위해 썼던 시를 수없이 보고 또 보며 다음을 기약하고 있다. 항상 조금이라도 더 나아지기를 바라는 희망과 소망으로 펜을 움직이고 있다.

요즘처럼 인터넷이나 전자책, 유튜브나 SNS를 통해 많은 정보를 접하다 보니, 종이책을 읽는 기회가 점점 줄어들고 있다. 게다가 긴 글을 읽기 싫어하는 시대의 흐름을 무시할 순 없다. 하지만 글을 쓰는 작가는 단 한 명의 독자를 위해 끊임없이 감성을 공유하기 위해 노력한다.

시집 '그림 위에 앉은 시'는 시집을 보는 게 아니라 화집 같다는 이야기를 많이 들었다. 그런 연유로 시집이라기보다 시화집으로 불러야 할 것 같다. 필자의 글을 읽어 주는 분에게 진심으로 감사드린다. 자연과학도로서 인문학의 접근에 한계가 있지만, 진료하면서 쉬는 시간을 이용해 글을 쓰며 기회가 주어질 때까지 써나갈 계획이다. 언젠가는 심금 울리는 작품을 쓰게 될지도 모른다는 꿈을 꾸며 오늘 하루에 임한다.

그림 위에 앉은 시

점점이 꾹꾹 쓱싹쓱싹
미끄러지듯 곱게 피어나
웃음 가득
예쁜 꽃 가득
꽃씨가 어느덧 꽃동산이 되었다
시가 그림 되고
그림이 시 되어
시와 그림 한 몸 되었다
어떤 색 입힐까
어디에 머물까
환히 웃는 꽃잎 위에 앉았다

이 순간이 지나면

책상에 오래 앉아 있을 수 있는 것도 재능이라고 생각한다. 어떤 목표를 설정하고 공부를 하려면 꾸준한 노력과 인내심이 필수적이다. 조금만 앉아 있어도 가만히 있지 못하고 집중을 못해서 주의가 산만하다는 말을 어렸을 때 많이 들었던 기억이 난다. 특히 통지표의 가정통신란에 그런 표현을 한 선생님이 그때는 몰랐는데 세월이 흐르니 야속하게 여겨졌다.

그 당시는 선생님의 권위가 절대적이어서 아무 말 못 했지만, 요즘이라면 꼭 그렇게 상처를 줘야 하느냐며 항의할지도 모르겠다. 여하간 그로 인해 산만해지지 않으려 노력했으며, 공부하건 잡다한 일을 하건 만화를 보건 책상에 앉아서 시간을 보내곤 했다.

우리나라 청소년들이 세계에서 가장 공부 많이 하는 나라이고 교육열 또한 최고다. 그로 인해 단기간에 경제부흥을 이루었고 기적과 같은 선진국이 되어 당당한 위치에서 세계를 이끌어가고 있다. 어린아이 때부터 공부하는 게 일과의 대부분이 된 나라. 어찌 보면 한창 뛰어놀아야 하는 나이에 종일 학원 다니며 스케줄에 매인 생활이 측은해 보이기도 하다. 하지만 경쟁사회에서 더 나은 미래를 향해 이 순간 피할 수 없으면 최선을 다하는 수밖에 없다.

특히 고교시대는 인생을 좌지우지할 만큼 중요한 시기이기에 그간 공부에 시달려 힘이 들었지만, 마지막 관문이라 생각하고 참고 공부해야 한다. 어느 인터넷 일타 강사가 각자의 능력에는 차이가 있겠지만 열심히 한 만큼 대학도 한 단계 나은 곳에 지원하게 되고, 만나는 배우자도 나아질 가능성이 있다며 무조건 참고 열심히 공부해야 한다고 열강하신 게 인상적이었다.

누구나가 그 과정을 다 겪었기에 이해는 한다. 하지만 우리의 눈에는 정신력이 강해야 하는데 그렇지 못하다. 우리 시대와는 달리 공부 외에는 모든 여건이 윤택해지고 어려움을 겪어보지 못한 세대들이라, '어른들은 몰라요'라며 꼰대 취급을 당하기 일쑤다. 그렇지만 기성세대가 이루어 놓은 업적의 혜택을 받아 오늘이 있었다는 것을 알아주길 기대해 본다.

수험생의 자녀를 둔 부모님이나 주위 분도 많이 계실 거라 생각하며 필자의 심정을 얘기해 본다. 지금의 수험생들은 공부하느라 애를 많이 먹는다. 수능성적도 잘 받아야겠고, 내신 성적도 좋아야 더 원하는 대학을 갈 수 있고, 또한 더 보장된 직업을 구할 수 있기에 열심히 공부하는 수밖에 없다.

필자의 경험으로, 두뇌와 별개로 눈으로 하는 공부보다는 쓰면서 하는 공부가 기억에 더 오래가고 실수도 덜 한다고 생각한다. 수년 전에 지인의 딸이 고3 수험생이어서 격려차 여러 가지 체험과 기억으로 '이 순간이 지나면'이라는 시를 썼는데 수시로 되새겨 본다.

우연한 기회로 색다른 분야인 공인중개사 공부를 했다. 지금은 부동산 경기의 침체로 인기가 시들해졌지만, 한때는 전국에서 40만 이상이 매년 이 자격증 시험에 응시하는 성인 수능시험이라고 했다. 진료 시간을 제외하고 꾸준히 공부해야 했다. 전문학원을 다니지 않았고, 눈이 피로하여 인터넷 강의를 듣지 않았고, 독학으로 꾸준히 일정 시간 투자해야 했다.

막상 공부해 보니 많은 시간과 노력이 요하고, 순간순간 "내가 왜 이 공부를 하지?" 하고 후회하며 포기하고 싶을 때가 많이 있었다. 공부하기에 적지 않는 나이에다가 장시간 책상에 앉아 있어야 가능한 시험이기에 힘이 들었지만, 나의 인내심을 테스트하고 싶었고 결과에 대한 성취감을 느끼고 싶었다.

이런 이유로 '이 순간이 지나면'이란 시를 수없이 되뇌며, 스스로에게 각성시키며 나중의 성취감을 생각하며 참고 견뎠다. 의지가 약해지고 정신이 흐려질 때 정말 수험생처럼 찬물에 세수하고 버텼고 날씨가 차가울 때도 잠이 와서 집중력이 떨어질까 봐 히터도

틀지 않고 공부했다.

흔히들 지금 이런 정신으로 고교 때 공부했으면 일류대학도 갔겠다고 한다. 목표와 대상이 다르지만, 지금도 노력하면 이룰 수 있다는 희망과 자신감을 가지면 백세시대에 더 활발하고 도전적인 삶을 누릴 수 있지 않을까 싶다. 노력해 보지도 않고 할 의지도 없으면서 백날 외쳐 봐도 소용없듯이, 도전에는 나이가 중요하지 않다.

일흔, 아니 여든에도 대학 입학하는 분도 계시는데 나이가 대수랴? 시도해 보겠다는 자신감과 의지가 성취감을 이루는 활력소이고 남아 있는 긴 세월을 하루하루 더 의미 있게 보내는 길이라 자부한다. 한 가지를 이루고 나면 일정한 휴지기를 거친 후 내게 맞는, 내가 할 수 있는 또 다른 과제가 나타나는 것 같다.

미션, 또 다른 미션의 연속. 인생은 아름다워라…….

이 순간이 지나면

나가 놀고 싶어
앉아만 있어도 졸음이 온다
인내심과 자신감으로 무장해야지
지나가면 돌아오지 않을 이 순간
참고 견뎌내는 거야

하고 싶음 하고
하기 싫음 하지 않는
선택이 아니라 필수고 의무야
무거워지는 눈꺼풀 비비고
세수하고 정신 차리자

지금의 작은 유혹
인생의 크나큰 걸림돌
세상은 넓고 할 일은 많아
하고 싶은 일을 위해
뿌리치고 한 단계 더 올라가자

펜을 꼭 쥐고
눈으로 보지 말고 쓰자
쓰면서 풀고 쓰면서 외우자

길게만 느껴지는 고교수험생
인생의 찰나라고들 얘기하지

나는 주문한다
아프지 않고 최상의 컨디션을
하나라도 더 배우려는 의지를
꿈과 희망 가슴에 품고
한 곳만을 응시하고 질주하자

미래가 기다린다
최선을 다했노라 후회는 없다
활짝 핀 밝은 모습
예전처럼 마주 앉아
다 같이 즐겁게 커피 한 잔!
굿~럭 파이팅!

수학의 정석

공인중개사 자격증을 따고 난 후 그간 얼마나 바쁘게 살았나 하며 돌아보게 되었다. 근무시간 외에 각종 여가를 보내기도 하지만, 환자가 없는 시간에는 무언가를 해야 직성이 풀리는 습관이 몸에 뱄다. 그러던 중, 요즘 고교수험생들의 교과과정 중에 수학의 비중이 날로 높아져 가고 또한 수포자도 늘고 있다고 한다. 수십 년이 지난 지금 머리는 녹이 슬었지만, 수험생처럼 수학 공부를 해보고 싶은 생각이 들었다.

돌발행동이 아닐까 생각하여 동료 치과의사에게 우스개로 얘기하니, 요즘 뒤늦게 수학 공부하는 사람이 많고 자기도 인터넷 강의 신청을 고려하고 있다고 한다. 내친김에 용기를 내어 수학의 정석 7권짜리 한 질을 구입하여 고교수험생이 되어보기로 결심했다.

지금 고교생의 고뇌를 체험하고 처음부터 차근차근 밟아보기로 했다. 풀이 과정을 이해하면서 모르면 그냥 넘어가고 잊었던 수학 공식을 암기하면서 시간을 보냈다. 소득도 없는 수학 공부에 할 일

없이 시간 보내는 게 별스럽게 보이기도 하다. 예전에 '세상에 이런 일이'라는 프로에 팔순 넘은 할아버지께서 미적분 문제를 술술 풀어나가는 모습이 신기하게 보였다. 나도 나중에 저분 나이가 되어 미적분 문제를 풀어나가는 모습을 상상도 해보았다.

그런 모습이 계기가 되어 시작하게 되었다. 무궁무진한 수학의 세계지만 수학은 미적분을 위한 공부가 아닌가 싶다. 삼각함수의 다양한 응용이 지루함을 견뎌내게 했다. 일상에 도움이 안 되는 공부를 하며 시간이 아깝다는 생각도 들었지만, 딱히 할 일 없어 멍 때리고 있을 때나 무작정 아무 곳에 몰입하는 거나 무슨 차이가 있을까 스스로 자위하며, 수학 풀이를 하며 쌓인 이면지가 더 의미 있고 값지게 느껴졌다.

처음 시작할 땐 암담하기만 했는데 한 달, 두 달 시간이 흘러가니 굳었던 머리도 기름칠이 되어 가는지 점차 흥미도 생기고 나름의 자신감도 생겼다. 가끔 TV에서 수학의 난제를 해결한 수학자의 업적을 재조명하는 프로그램이 있다. 현재까지 해결 못 한 수학의 난제를 우리나라에서 풀어낼 인재가 나오길 기대하며 수학에 관심을 가져본다.

요즘 로또복권의 열풍으로 경기가 어려울수록 판매량은 더 는다고 한다. 한탕주의가 만연한 결과가 아닌가 싶다. 유튜브를 통해 확률 통계 공부를 하는데, 계산법이 흥미롭기도 하며 강의하시는 선생님은 절대적으로 불리하단다. 복권 구매자가 재미 삼아 좋은 꿈 꿀 때 한 번 사는 것은 몰라도, 확률적으로는 5등 당첨도 45분의 1이므로 쉽지 않다며 자제가 필요하단다. 그래도 매번 1등이 여럿 나오는 것은 그만큼 많이 사들여서이지 확률이 높아지는 것은 절대 아니다. 1등 확률은 814만 5천6십분의 1이므로 참 어렵다. 인생 자체가 확률의 연속이므로 재미 삼아 게임을 즐기는 것이야 괜찮을 듯하다.

과장인지는 몰라도, 우리 삶은 수학 공식 속에 짜여 있다. 요즘 많이 발사되는 로켓의 치밀한 속도와 가속도, 지상과의 거리에 따른 속력과 회전주기, 우주체와의 교신 등 수학이 없으면 이룰 수 있는 게 없다. 이 모든 과학기술의 원천이 우리가 이해 못 하는 수학에 기초하여 이루어진 산물이다.

단순히 돈만 세는 셈법이나 머리 굴리기의 수단을 떠나 과학 문명의 기초가 되는 수학 공부를 소홀히 해서는 안 될 것 같다. 너무 계산적인 것은 듣기 싫지만, 수학적인 분별력은 듣기 좋다. 우수한 우리 민족이 이미 세계의 중심이 되고 있다. 인문학적 사고와 수학적인 사고가 융합하여 그 누구도 이룰 수 없는 창작물을 발명할 잠재력으로 무한한 상상력을 발휘해야 할 때다. 지금 이 시각, 고차 함수와 미적분을 공부하며, 모든 함수가 X축과 Y축에 그려질 수 있는 게 신기하고, Z축을 추가한 3차원의 공간에서 넓이와 체적을 구하기 위해 적분이 표현되는 게 신기했다.

예전 JTBC에서 '스카이캐슬'이라는 드라마가 방영되어 상당한 화젯거리가 되었다. 강남 8학군 사회에서 과열된 사교육의 참상을 조명하는 내용이었는데, 일반 사회에서는 상상도 못 하는 고액 과외와 목숨 건 혈투가 단순한 드라마가 아니고 현실에 입각한 내용이라고 한다.

지방에서는 고액 과외는 차치하고라도 교육받을 학원조차 없는 곳이 너무 많아, 불공평한 교육 환경에 불만을 가질 수밖에 없는 현실이다. 그렇다 보니 공교육의 정상화가 되길 간절히 빈다. 이러한 여러 가지 계기로 남들이 꺼리는 수학 공부를 하며 더위에 공부하는 학생들의 고충을 함께 느껴본다. 인내하며 노력하면 좋은 결실이 따르리라.

수학의 정석

참 거짓 구분할 수 있는 식이나 문장
쉬운 걸 어렵게 만드네
무수한 부호와 공식
오묘한 진리 속 해야 할 과제들
굳었던 회로가 미끄러져 간다

이차 함수 근의 공식
$$\frac{-b \pm \sqrt{b^2 - 4ac}}{2a}$$
로또복권 일등 확률
$1/45C6 = 1/(45P6/6!) = 1/8,145,060$
다가갈수록 재미있네

좁았던 입구 끝없이 펼쳐진다
응용된 삼각함수 미분 적분
극한과 수렴의 무한반복
머리 굴리기 싫다
풀다가 모르면 통과

시간과 공간의 숨바꼭질
대물림 되는 수학의 정석

내용은 그대로인데 낯설다
삶이 묶어버린 수학 공식
그 위에 존재하는 초월의 함수(人生)

일생일석을 꿈꾸며

나에게는 오래전 선물로 받은 몇 점의 수석이 있다. 30여 년간 한국 춘란 취미생활을 하며 특별히 만들어 놓은 난실을 관리하고 있는데, 난실 구석에 그 수석도 함께 보관하고 있다. 문외한이긴 하지만 수석에 물을 뿌려보면 전후의 모습이 너무나 다른 모습이어서 춘란과는 또 다른 세상을 보는 느낌이다.

최근에 우연히 유튜브를 보다가 호피석의 특별한 예술적 작품성을 보게 되면서 수석에 관한 관심이 되살아났다. 애석인 수준은 아니지만, 장식장이나 거실에 있는 몇 점의 수석을 보면서 제대로 된 예쁜 돌 한 점 가졌으면 하는 마음이 생겼다.

그러던 차에 온라인 카페로 알게 된 애석인의 집에 가서 순창 호피석을 인도받게 되었다. 그 호피석이 내게 안기게 될 줄 생각도 못 했는데, 꿈에 그리던 순창 호피석과의 인연이 그렇게 시작된 것이다. (호피석: 호피 무늬 수석의 일종)

전북 순창 어느 강가에 가서 직접 물속에서 건져낸 돌이라던데, 그 호피석을 넘겨받아 안았을 때는, 과장인지는 모르겠으나 일생일석의 기쁨과 감격을 맛보았다. 그분이 건져 올렸을 때의 황홀감과는 비교할 수는 없겠지만, 여느 돌보다도 깊은 인상을 받았다. 우연한 인연으로 안게 된 순창 호피석을 보면 정글을 쏜살같이 내달리는 호랑이가 연상되었다. 숨을 몰아쉬는 승리자의 포효소리가 들리는 듯 세상을 다 품은 것 같다.

보통 수석은 석질과 형태에 따라 분류되기도 하는데, 크기에 따라 촌석(10cm 이하), 소형석(15cm 이하), 표준석(15~45cm), 대형석(45~70cm)으로 나눈다. 촌석, 소형석은 나름의 멋이 있지만, 필자는 표준석 위주로 수집하고 혼자서 들 수 있을 정도의 대형석만 취급한다.

혼자서 들 수 없을 정도로 크거나 무거운 수석은 실내 공간이 충분히 확보되거나 넓은 정원이 있는 분들에게 적합한 수석이다. 그런 연유로 몇 점의 대형석 외엔 주로 전시대에 올려놓을 정도로 두 손으로 번쩍 들 정도의 작품들만 모으게 되었다. 감상하기 편한 것 같고 상하좌우 전후로 위치를 바꾸어 가며 즐길 수 있다. 이렇게 해서 모은 돌이 자꾸 늘어만 간다. 공간도 부족한데 거실과 마당을 온통 돌로 채우면 보는 사람에 따라서(특히 아내) 답답하고 가슴을 짓누를 정도라고 하니 어느 정도 절제와 타협이 필요할 것 같다.

난과 수석. 분명 공통점이 있는 것 같다. 생명이 있고 없고의 차이는 있지만, 애지중지하는 마음과 한 번 빠지게 되면 무작정 돈을 주고 사든, 줍든, 캐든지 간에 온 집 안 구석구석을 가득 메운다는 사실이다.

주말이면 자생지 산과 들, 강가를 돌아다니며 자연을 즐기며 운동도 하고 스트레스를 발산하니 좋은 취미생활이다. 난은 산으로 가지만 수석은 바다와 냇가나 하천 주위의 돌밭이나 준설공사장을 찾아 보물찾기하듯 다녀야 한다. 특히 겨울에 물이 말라 하천 바닥이 드러나거나 수심이 매우 얕아져서 수석가에겐 겨울 탐석이 제맛이란다.

수석 취미를 하다 보니 꽤 모였다. 수석은 거실이나 장식장과 전시대에 있어서 휴식 시간마다 무료함을 달랠 수 있다. 괜찮은 돌을 주워 오거나 구입했고 나름대로 애착이 생겼다. 그냥 보는 것과 좌대에 안착하여 자세를 잡은 돌과는 큰 차이를 보여준다. 좌대에 오르기 전에는 잡석이거나 맨 돌로 보이지만, 좌대나 수반에 안치되는 순간 수석으로 대접받는다. 그만큼 좌대나 수반의 역할이 크다.

좌대에 올려야 모양이 되는 수석이 있는가 하면, 수반에 놓아야 작품성이 돋보이는 수석이 있다. 그런 이유로 수반에 놓아봤다가 좌대에 올려봤다가 하면서 수석을 만지작거리다 보면 시간이 너무 잘 가는 것 같다. 세상에서 할 일 없는 사람들이 난이나 기르고 돌이나 만지작거린다는 소릴 많이 들었는데, 일부는 인정하지만 정말 부지런해야만 그런 취미생활을 할 수 있다. 빽빽이 차 있는 수석 무더기를 보며 그중 몇 점은 멋있는 좌대를 만들어야겠다는 의욕이 생겼다.

그렇게 정성 들여 만든 좌대에 안치된 순창 호피석을 대기실 정면에 위치시켰다. 호피석의 밀도가 오석보다 높아 상당히 무거워서 한번 들어보라고 하면 힘센 사람들도 잘 못 든다. 은근히 자랑도 할 겸 용맹하고 활력 넘치는 호랑이 기운 받으라고 오는 환자마다 한 번씩 쓰다듬어 보라 한다. 환자들은 재미있다며 시키는 대로 쓰다듬으며 호응을 해준다. 짧은 순간이지만 웃을 수 있어 좋다.

다양한 취미생활로 근무 외의 시간이 너무 바쁜 것 같지만, 색다른 묘미가 있어서 싫증이 나지 않는다. 훗날 제2의 인생을 더 알차게 보내기 위한 준비 활동이 아닐까 생각하며 이것저것 여건이 허락하는 대로 빠져보곤 한다. 각자 개인의 취향에 맞게 다양한 취미생활을 개발해야 한다. 지금, 이 순간뿐 아니라 앞으로의 미래를 더 의미 있게 보내는 계기가 되리라 믿으며 필자가 하는 일들의 일부를 공유하고자 하는 마음으로 소개한다. "아모르 파티! 까르페 디엠!"

오늘도 집에 돌아와 저녁 식사 후 진열대 위의 수석 몇 점에 스프레이하면서 잡생각을 버리고 편안하게 수석에 몰두하고 있다. 돌

속의 변화되는 문양을 보며 순간 떠오르는 단어들을 생각하며 수석과 대화를 나눈다. 진열대 위에 수석들이 많이 모였다.

 돌을 돈으로 보는 돌 장사도 있고 돌을 예술 작품으로 보는 수석인도 있다. 황금 보기를 돌같이 하라(見金如石)는 최영 장군의 말이 떠오른다. 욕심을 버리고 돌같이 마음을 비우란 뜻이겠지만, 실천에 옮기기는 쉽지 않기에 혼란스럽다. 돌은 돌일 뿐이라면서도 수석의 또 다른 세상을 보는 수석인이 되기 위해 하나씩 배워나가고 있다.

순창 호랑이를 안다

어느 날 우연히 이끌린
골목길 떡방앗간
각지서 데려온 호랑이
백호랑이 흑호랑이가 득실
용맹한 순창 호랑이
매혹적인 점과 곡선

사람과 사람의 만남
그리고 호피석[7]과의 결연
떡 방앗간 호랑이들
여기저기 어슬렁거리다
이제야 주인 만난 듯
순창 호랑이 내게로 안기다

번뜩이는 눈빛에 기운 넘쳐나
서로서로 교감하며
무한의 힘 솟구친다
정글 속 사정없이 달리다
의기양양한 포효소리
함께 광야로 뛰쳐나간다

---

7   호피석: 호피 무늬 수석의 일종

우주쓰레기

예전에 천문학에 관심도 많았고 막연히 우주쓰레기에 대한 걱정도 하게 되었다. 사는 곳이 공기층이 맑은 시골이다 보니 밤하늘 별자리를 관찰하거나 별똥별이 떨어지는 것을 자주 보게 된다. 달 표면의 분화구, 토성 고리나 목성 띠와 위성들을 쌍안경이나 천체망원경을 통해 직접 본 사람이라면 밤하늘이 유달리 아름답고 소중하다는 것에 공감할 것이다.

요즘에 도심에서는 광해[8]로 인하여 별을 보기가 쉽지 않은 것 같다. 그 또렷했던 수많은 별이 많이 없어진 것처럼 보인다. 그게 날씨 때문이기도 하지만 공해나 황사, 미세먼지 등으로 시야가 흐려진 이유란 걸 알게 되면서 환경오염의 심각성에 대해 우려하게 되었다.

내가 살고 있는 군위도 예전에 비하면 거리의 가로등이나 건물

---

[8] 불빛으로 관측에 방해되는 공해

에서 나오는 불빛 탓인지 더 깊은 산골 마을로 가지 않는 이상 맑고 또렷한 별을 보기가 훨씬 어려워졌다. 그나마 다행스럽게도 우리와 가장 가까이 있는 달은 맑은 날씨에는 아주 선명해 보여 더욱 친근하게 느껴진다. 동화 속의 이야기처럼 계수나무 아래서 옥토끼가 방아를 찧고 있는 동심의 세계로 상상의 나래를 펼쳐 본다.

최근에 세계적으로 우주선 발사가 빈번해지고 있는 것 같다. 초기에는 우주선을 쏘아 올리는 게 드물고 획기적인 관심사였지만, 근래에는 우주개발과 기후나 통신 등 여러 가지 목적으로 경쟁하듯 무분별하게 마구 쏘아 올리고 있다. 제재도 없어서 앞으로 점점 더 늘어날 것이고 그렇게 되면 우주쓰레기도 많이 생길 것이다.

게다가 우주개발이라는 핑계로 인류를 파멸의 길로 내몰 수도 있는 무수한 로켓을 여러 나라에서 쏘아대고 있다. 영원히 제거되지 않는 거대한 태양전지, 패널, 연료통, 페어링, 쇳조각 등 버려지면서 양산되는 무수한 우주쓰레기에 관해서는 아직은 크게 관심을 두지 않는 것 같다.

육지나 해양에서 쌓인 쓰레기로 세계 곳곳에서 몸살을 앓는 것처럼 아마 언젠가는 그 우주쓰레기 때문에 큰 재앙이 올지도 모를 일이다. 황사나 미세먼지가 심각한 자연재해를 일으키는 것처럼, 우주쓰레기가 전파를 교란하기도 하고 인공위성과 충돌해서 파손되거나, 태양을 가려 빛이 줄어들게 되고 기상이변의 원인이 될 수도 있다.

그 결과 예측하지 못했던 심각한 질병이 새로 생기고 인간의 면역력도 약화할 수 있어서 인류에게 새로운 재앙이 도래할 수 있음을 한 번쯤은 생각하고 대비해야 하지 않을까? 아직은 어디에서도 문제 삼는 게 보이지 않으니 달리 어찌할 방법이 없어 혼자 답답할 뿐이다. 모두 우주개발의 성과에만 관심이 있지 거기까지 생각하는 자체가 놀림감이 될지도 모르겠다. 우주개발에만 몰두하고 버려지는 우주쓰레기는 날로 갈수록 지구 주변에 태산같이 쌓여만 가고……. 눈에 보이지 않아서 그렇지 얼마나 끔찍한 일일까?

이런저런 생각에 상상의 나래를 펼쳐본다……………. 어느 날 꿈속에서 나사에서 내게 우주쓰레기 수거에 관한 연구를 제의해 왔다. 나사에서도 우주 쓰레기수거 프로젝트를 예전부터 논의하고 있었는데, 획기적이고 구체적인 방법을 제시하니 관심 있게 받아들여 '우주쓰레기 수거 프로젝트'의 팀장으로 나를 발탁하였다.

쓰레기 수거용 인공위성을 쏘아 올리면 지구 대기권 밖에 멀리 흩어져 있던 쓰레기들이 인공위성에서 방출되는 전자기장의 영향으로 한데 모이게 되고 태산보다 더 큰 덩어리가 형성된다. 그런 상태에서 태양의 인력으로 끌려가다가 운석이 지구 대기권에 도달하기 전에 소멸하는 것처럼 태양 가까이에 가서는 태양열로 인해 저절로 다 소각되어 소멸해 버리게 유도하는 프로젝트였다.

그런 목적의 인공위성을 만들어 쏘아 올려 지구 주위에 흩어져 있는 우주쓰레기를 말끔히 다 걷어치우는 순간, 지구에서 일시적인 통신장애와 이상기온으로 인해 폭우가 내리지만, 지구 주위가 깨끗하게 청소된 후 맑고 깨끗하게 바뀌게 되는 것이다.

더 나아가 또다시 발생하는 우주쓰레기를 저렴한 비용으로 수거하기 위해 인공위성 전자 그물을 만들어서 인간의 건강도 증진하고 수명도 연장하게 하는 계획으로 다음 프로젝트를 구상해 보면서 계속 상상의 나래를 이어간다.

닐 암스트롱이 인류 최초로 '고요의 바다'에 착륙하며 영웅이 되었지만, 그가 버린 우주쓰레기와 그 이후의 무수한 우주쓰레기를 수거하는 인류 최초의 우주 정화자가 되면 그 공로로 노벨 물리학상을 받을지도 모를 일이다. 지구에서의 쓰레기 대란을 넘어 무수히 날아다니는 우주쓰레기가 떨어지는 걱정을 해보는 게 쓸데없는 기우에 지나지 않는 것일까?

한참 전에 우리나라에서 쏘아 올린 인공위성도 페어링이 제때 분리되지 않아 원래 계획했던 궤도까지 미치지 못해 반만의 성공이라 한 적이 있다. 떨어져 나간 페어링으로 인해 또 하나의 우주쓰레기가 생기는구나 하는 상상을 하면서, 우주쓰레기가 생기지 않는 우주개발을 염두에 두어야 하지 않겠냐는 생각을 해본다.

지구와 아름다운 우주를 사랑하는 마음으로 우리 다 같이 여기 저기 눈에 보이거나, 눈에 보이지 않거나 다양한 종류의 쓰레기수거에 관심을 두길 기대해 본다.

우주쓰레기

우주에서 본 지구
옥구슬이 튀어 오르네
아름다운 우리의 세상

수도 없이 쏘아 올린 로켓
버려지는 연료통 페어링 각종 부품들
서로 부딪히고 튕기고

인간의 영역이 어디까지인가
침범하지 말아야 할 그곳까지
앞다퉈 꽂은 깃발 나뒹구는 페트병

먼 훗날 유성이 떨어지듯
황사 미세먼지는 비교도 안 될
수시로 날아드는 우주쓰레기

한데 모은 태산만 한 더미들
날려 보내 태워야지
되돌아온 깨끗한 우리 지구

수지와 같이

수지와 둘이서 이탈리아 여행을 다녀왔다. 7박 9일의 일정이었는데, 열흘 가까이 같이 생활한 셈이다. 현지에서 만난 여행객이나 당일 가이드는 성인이 된 딸과 아빠가 함께 오는 경우는 정말 드물다며 긴밀한 부녀지간을 부러워했다. 성장하면서 학업에 바빠 아빠와의 시간이 많지 않은 것에 대해 아쉬워하기도 했지만 제 갈 길 찾아가는 것만으로도 고맙게 여겼다. 직장 다니는 여성이 엄마가 아닌 내게 스스럼없이 여행을 제안했을 땐 당황스러웠지만, 같이 가기로 하고 난 후엔 기다려지기만 했다.

오랜 기간 기숙사 생활을 하거나 지방에서 벗어나 유학 생활한 관계로 방학 때나 명절이 아니면 볼 시간도 별로 없었다. 주로 엄마와 의논하고 뒷바라지한 탓에 나와 대화할 시간이 부족했다. 어찌 보면 이번 여행하는 동안 대화한 시간이 이전에 있었던 모든 대화 시간보다 더 많았던 것 같다.

늘 시간이 없다는 핑계로 열흘 이상 휴진한 적이 없었다. 지금 아니면 다시는 기회가 없을 것 같아 주저 없이 응했다. 딸 또한 아직 결혼하지 않았으니 같이 갈 수 있었다. 결혼하게 되면 가능하더라도 시간 내기가 더 힘들지 않겠냐는 생각에 과감한 결정을 했다.

활동적인 딸이라 여행코스를 굉장히 빡빡하게 잡았다. 내용은 생략하기로 하고, 로마 시내, 바티칸시국 견학, 베네치아 투어, 알프스 트레킹, 피렌체 탐방 등 여러 관광지를 다니고 특색 있는 음식을 먹고 이동하며 정신없이 보냈다. 서로서로 체력이 대단하다고 추켜세우며 여행의 참맛을 제대로 느꼈다.

지금까지 살아오면서 찍은 사진보다 더 많은 사진과 동영상을 담으며 값진 추억들을 만들려 노력했다. 다양한 변화와 체험을 하며 살아왔지만, 일상에서 완전히 벗어나 오직 여행하며 새로운 것을 보고 느끼며 시간을 보냈다. 세상은 넓고 볼 게 많다는 건 누구나 아는 사실이지만 딸과의 해외여행은 처음이라 더 의미가 있는 것 같다.

인파에 밀려 잃어버릴까 봐 걱정하기도 하고 소매치기가 워낙 많으니 주의하라고 해서 혹시라도 여권 분실로 국제미아가 되지는 않을까 염려하며 서로의 소지품을 확인하기도 했다. 해외여행 경험이 더 많았던 딸이 내 걱정을 더 하는 것 같아 우습기도 했다.

기차로 이동할 때 보통 캐리어를 머리 위 선반에 올려놓으면 되는데, 혹시라도 잃어버릴까 두려워서 다리 사이에 꼭 끼고 목적지까지 불편한 자세로 가기도 했다. 지나고 나니 우리나라 KTX쯤 되는 고급 열차여서 그렇게 걱정할 정도는 아니었는데, 한국인이 우리뿐이라 아무리 유럽 선진국이라 해도 말도 안 통하고 모두가 두렵기만 했다. 다리를 제대로 펴보지도 못한 채 이동한 몇 시간이 비행기 탔을 때보다 더 힘들었던 것 같다.

꿈같은 여행이 지나가고 이따금 여행 때를 회상하며 흐뭇해하고 있다. 어릴 때 부리던 어리광도 받아보고, 때론 나이 든 아빠를 걱정해 주는 딸이 대견하기도 하고, 아직 품을 완전히 떠나지 않은 것 같아 안도의 한숨도 쉬게 되었다. 가족 간에 대화가 부족한 요즘 시대, 자주 만나지는 못하더라도 연락이라도 자주 할 수 있고 필요하면 언제든지 볼 수 있는 지금이 너무 다행스럽고 행복하다.

예전부터 아이가 성장해서 사회의 구성원이 되어 독립하면 부모 품을 떠난다는 것을 당연히 여겨온터라, 기대하지 않았던 딸과의 여행이 내게는 너무나 과분한 선물이고 소중한 시간이었다. 새삼 인생이 아름답다고 여겨진다.

대화가 단절된 것 같았던 공부하는 긴 세월 무사히 지나고 자유롭게 보낼 수 있는 이 순간이 좋다. 이후라도 다른 형태의 만남과 시간이 있겠지만, 서로가 보호자 되어 보낸 시간이 너무나 소중하고 의미 있었던 것 같아 꿈만 같다.

대한민국 중년의 부모들, 오직 자식만을 위해 정신없이 달려왔지만 잠시 휴식 시간을 갖고 일상에서 벗어나면 새로운 삶이 충전된다는 걸 다시금 깨닫게 된다. 딸이 같이 여행하면서 아빠를 염려하고 챙겨 주는 어린 마음에 이렇게도 감격스럽고 행복한 기분이 든다. 앞으로 살날이 많이 남아 있겠지만, 역시 건강을 지키며 오래 살고 볼 일이다. 소중한 사람과의 시간, 특히 가족과의 시간이 제일 소중하다는 것을 깨닫는다. 일도 열심히 하고 필요에 따라 휴식을 취하는 것도 심신의 건강을 지키기 위해 중요한 부분이니 지금, 이 순간을 즐기자! 그리고 감사하자!

까르페 디엠! 아모르 파티!

수지와 같이

수지와 같이 눈을 뜨다
맑은 눈 밝은 미소

그 누구에게도 '수지와 같이'

흐르는 세월
소원해질 거라며

함께 되는 꿈을 꾼다

공유하는 소중한 시간
눈빛 무언의 대화

역시 수지다

인생은 아름답고
넓은 세상 볼 게 많아

평생 남을 수지와 같이

백수의 꿈(동물화가)

 '백수의 꿈'은 과거에 직간접적으로 겪었던 기억을 접목해 현실과 혼동할 수 있는 필자의 지어낸 짤막한 애깃거리임을 밝혀둔다.

 동물을 사랑하며 그림을 그린다. 꿈은 평소 생각한 것과 연관되거나 뜬금없이 나타나기도 한다. 동물화를 그리던 아이를 보며 동물 화가가 요즘 주목받는 직업이 될 수도 있겠다고 생각한 적이 있었는데, 예전 딸아이가 수시로 그리던 동물 그림이 꿈속에서 뒤섞여 실제처럼 느껴진다.

 꿈속에서 아이 대신 내가 주인공이 되었다. 어릴 적부터 그림 그리기를 좋아했다. 틈만 나면 만화부터 인물 묘사 캐리커처 등을 그려서, 주변에 보여주면 잘 그린 게 아님에도 재미있어하고 잘 그렸다며 종종 칭찬을 해주곤 했다. 잘 한다 잘 한다 하면 더 잘해서 칭찬받고 싶어 더 노력하는 아이들의 심리라 할까?

 그런 계기로 초등학교, 중학교를 거치며 자꾸 그쪽으로 시간을 많이 들이다 보니 취미를 넘어 미술에 약간 소질이 있다는 걸 깨닫게 되었다. 하지만 예체능으로 장래에 성공하기는 하늘의 별 따기보다 어렵다고들 했다. 그런데도 자신감 하나로 많은 갈등과 고민 끝에 화가가 되기로 마음을 굳혔다. 고등학교에서도 서양화가가 적성에 맞는 것 같아 오로지 서양화를 그리겠다며 흔들리지 않고 인생의 목표를 정했지만, 현실과 이상은 다르다며 부모님이 극구 말리셨다.

사실 뚜렷한 결과가 보이는 것도 아니고 경제적 뒷받침에도 한계가 있는 것이다. 할 수 없이 화가의 꿈을 접고 확고한 목표 없이 공부만 했기에 고교 시절은 그야말로 악몽 그 자체였다. 대학에 가서도 짬짬이 낙서하듯 캐리커처라도 그려주면 좋아하는 친구들로부터 위로받으며 학업을 이어나갔다.

대학을 졸업하고 나서 부모님 그늘에서 벗어나고 여가도 생기고 해서 내내 마음속에 묻어두었던 그림 그리기 취미가 발동하여 점점 더 열심히 그리게 되었다. 생업으로 하는 전문 화가에게는 미안한 일이지만, 어느 사회든 아마추어와 프로가 공존하는 것이니까 나도 언젠가 사람의 마음을 끄는 그림을 그릴 때가 올 것이라는 믿음으로 틈만 나면 취미 삼아 유화 붓을 들고 캔버스를 휘젓기 시작했다.

그때 많은 화가 중에 문득 반 고흐가 생각났다. 자신의 왼쪽 귀를 자른 자화상이 뇌리에 너무 깊게 새겨져서인지는 모르겠다. 수

많은 작품을 남긴 천재 화가였지만, 살아생전 제대로 빛도 못 보고 동생 테오를 통해 겨우 한 점 판 게 전부라는 사실에 예술가의 고뇌를 다시 한번 생각하게 되었다. 그는 자살로 생을 마감했는데, 동생과의 깊은 우애는 더욱 사람들의 가슴을 아프게 했다. 그의 수많은 작품은 사후에 평가받았다.

그는 천재 예술가였지만 평생토록 너무나 가난하고 고달프게 살았다. 동시대의 고갱과 비교당하면서 얼마나 좌절을 느꼈을까 하며 고흐에게 동화되어 가는 나 자신을 발견했다. 나를 고흐에게 견준다는 게 우습지만 마음껏 상상 아니, 망상을 하며 나름의 작품들을 탄생시켰다. 그렇게 그린 그림들이 자꾸 쌓이기만 하니까 보관의 어려움도 생기고 아마추어 작품이라 지인들에게 선물로 주더라도 행여나 푸대접고 창고에 처박힐 신세 될까 봐 망설이다 보니 그야말로 애물단지가 되어버렸다.

그래서인지 가족들의 만류가 있었지만 꿈을 버리지 못하고 마음으로만 불태우고 있었다. 그러던 어느 날 우연히 집에 기르던 애완견 진이의 캐리커처를 그리게 되었는데, 사람들이 실물 같다고 좋아하면서 동물 그림을 자꾸 그려 달라고 했다. 그때까지 동물만 전문적으로 그리는 동물 화가가 흔하지도 않았고 나름의 특별한 재능과 차별성이 있을 것 같다며 격려해 주었다. 그걸 계기로 지인의 애완견이나 고양이, 새 등을 그려주니까 서로 그려달라는 요청이 쇄도해서 제대로 된 동물 화가가 되어보기로 마음을 먹게 되었다.

천만이 훨씬 넘는 애완동물 가족 시대인 요즘, 반려동물로서 개들이 가족과 다름없는 소중한 대우를 받으며 사람보다 더 대접받는 일이 이상하지 않은 시대가 되었다. 그러한 분위기에 편승해서 그림에도 어느 정도 자신감이 생겨서 본격적으로 동물 그림을 그리기 시작했다. 내가 그린 정교한 동물화와 애완동물을 대상으로 한 초상화를 보고 가끔은 대가를 주겠다며 동물 초상화나 가족과 함께 한 그림을 그려달라며 문의가 들어오곤 했지만, 본업에 영향을 끼쳐가면서 할 수는 없는 일이라 사양하느라 애를 먹은 적도 있었다.

어릴 적부터 그림 그리면 칭찬해 주셨던 부모님과 주위의 사람들 덕택으로 시작된 아마추어 동물화가. 남들이 다른 취미활동 하며 여가를 보내며 스트레스를 풀고 있을 때, 혼자 서재 귀퉁이에서 우리 애완견 진이의 다양한 표정과 동작을 캔버스에 옮기며 시간 가는 줄 모르고 몰입하고 있다.

웃음 짓는 가족을 생각하며 동물 화가로서 의욕을 갖고 오늘도 바쁜 하루에 임한다. 동물과 함께하는 새롭고 다양한, 무한정 팽창할 수 있는 지금의 애완동물 환경에서 항상 창의적인 작품을 위해 또 다른 도전을 꿈꾼다. 시간이 지나면 길거리에 '동물 초상화'란 간판이 쉽게 보게 될 날이 올 것 같다.

동물화가

남다른 예술가의 삶
서양화 중 인물화
불투명한 미래
마음속에 묻었다

상상과 어우러진 동물 가족
불현듯 방향을 틀었다
애완동물 초상화

이 시대의 가족이란
동물 가족 천만 시대
암암리 찾아와
무작정 캔버스에 담았다

동물을 사랑하는 마음
늘 진이[9]와 함께
동물화가
시간 가는 줄 모르는 이 순간
인생은 아름다워라

---

[9] 진이: 애완견(말티즈)

백수의 꿈(드러머)

어릴 적 시골에서 살았다. 장날 약장수가 등에 북을 메고 발로 탕탕 굴리면 북이 쾅쾅 울리는 게 신기하기도 했고, 신명 나는 장단에 구경꾼들이 모여 함께 즐기며 약도 사고하는 풍경을 많이 봤다. 요즘 젊은 세대들에겐 생소하겠지만 동동구리무라 하며 화장품을 팔기도 하며 시골 장터의 운치를 회상해 보기도 한다.

명절날이나 정월대보름 그리고 각종 마을 행사에 사물놀이패들이 북 치고 장구 치고 꽹과리며 징을 칠 때 신나서 덩실덩실 따라 춤추던 기억이 뇌리에 남아 있다. 늘 신명 나는 분위기에 빠져들었고 흥이 기질적으로 타고난 것 같다. (지금도 지신밟기 하면서 꽹과리, 징을 치면서 귀신을 쫓아주기도 한다) 이후로 오락부장이 되어 분위기를 이끌어가며 걸어가면서도 끄덕거리는 게 생활이 되었다.

고등학교 때 악대부 선배들이 음악에 관심 있냐며 함께 연주하면서 재미난 서클 활동을 하자고 제의했다. 온갖 미사여구를 써가며 권유했다. 예전에 몸집이 작을 때 이유 없이 큰 애들이 놀리거나 맞은 아픈 기억 때문에 보호해 줄 선배가 있으면 좋겠다는 생각이 들어 열심히 하겠다며 수락했다. 수업 마치고 연주실에 오면 선배들 연주할 수 있게 악기 거치대, 보면대와 의자 정돈은 물론이고 늘 먼지가 나지 않게 깨끗이 준비해야 하는 고달픈 신세가 되었다.

그렇게 시간이 흐르니 공부할 분위기도 안 되고 선배들도 딱히 다룰 줄 아는 악기가 없으니, 큰북을 담당하라고 했다. 덩치가 있으니 제일 어울리고 배우기도 다른 악기보단 간단하니 연주하면서 사인 주면 힘차게 쿵쿵 채를 휘두르기만 하면 된다고 했다. 나 역시 옛날에 북, 장구, 징 등을 보며 신명 났던 기억이 있던 터라 처음엔 팀워크가 되어 북 치는 재미가 싫진 않았는데 너무 단조롭기도 하고 북 칠 기회도 별로 없었다.

연습할 때 빽빽거리는 금관악기며 쿵작쿵작, 칭칭 거리는 타악기이며 깡깡거리는 현악기 소리가 시간이 지날수록 견디기 힘들었다. (사실 음악을 하는 사람들이 고음에 시달려 난청이나 이명에 시달리는 사람이 많다고 한다. 우리 치과의사들도 직업적으로 자세가 습관적으로 숙이고, 평생 고주파소음에 노출되어 이명에 시달리는 사람이 많다고 하니 평상시에 주의하시길 당부드린다. 필자도 이명에 시달려 여러 가지 치료를 받고 있으나 신경 덜 쓰고 마인드 컨트롤이 하는 것이 제일 중요하다. 곧바른 자세를 유지해야 혈류가 원활히 공급되어 이명 치료에 도움이 된다고 하니 자세 바로 하고 신경 끄면 다소 완화가 되는 것 같다.)

실컷 기다리다가 둥둥 큰북 한 번 쳐 주고……. 종목을 바꾸려 해도 각자 자기 파트가 있어서 바꿀 수도 없고 또 배울 시간도 없어서 북 치는 게 내 운명인가 보다 하며 보내고 있었는데, 악대부의 큰 행사이기도 한 '시민 축제의 날'에 우리 학교가 거리 행진에 선정되는 영광을 안았다.

거리 행진대회 때 줄과 열을 맞춰 행진하며 연주하는 기분은 좋았다. 요즘은 바퀴 달린 받침대가 있어서 이동하기 수월하지만, 그때는 항상 제일 뒤에서 무거운 큰북을 메고 따라갔다. 정말 숨이 차 헉헉거리기 일쑤고 축제의 거리에서는 소리가 잘 안 들려서 있는 힘을 다해서 쳐야 멀리까지 울려 퍼지기 때문에 무조건 세게 치면서 몹시 노력을 다했다. (지나고 보니 그 순간이 내 삶의 터닝 포인트가 될 줄이야.)

공부할 겨를도 없었고 미래에 대한 설계도 하지 않은 채, 우연하게도 ○○대학교 레크리에이션학과에 입학했는데, 졸업 후 직장 못 구해 이리저리 돌아다니던 중 우연히 떠돌이 각설이패를 만나게 되었다. 혹시 써 줄 수 있는지 부탁하며 내 재능을 테스트 받았다. 큰북 솜씨며 그간 보고 배운 음악적 리듬을 타며 박력 있게 두들기며 흥을 돋우는 추임새에 각설이패 단장이 숨은 인재 찾았다며 흔쾌히 받아줘서 정식 각설이 단원이 되었다.

게다가 레크리에이션과를 나왔기 때문에 친화력이 좋아 화술은 좀 부족하지만, 어눌한 말씨가 오히려 매력이라며 손님들도 좋아하고 인기가 좋았다. 점차 사람들 앞에서 북 치고 장구 치며 노래도 부르며 흥을 내니 넉살 좋다며 앙코르도 자주 받고 해서 나도 모르게 각설이패에서 제일 분위기를 잘 이끄는 중심인물이 되었다.

입지도 점차 커지고 연주를 멋있게 하기 위해 큰북, 작은북, 여러 가지 타악기 세트를 갖춰 신나게 머리 흔들어 두드리며 분위기를 압도했다. 길거리 드러머라고 표현해야 하나? 정신없이 북 치며 훌륭한 드러머가 되겠다는 자신감으로 죽자고 연습하며 기량을 쌓았다. 지금까지 큰북 치며 북채를 두드리는 게 몸에 밴 터라 채가 보이지 않을 정도로 빠른 손놀림으로 두드리니 관객 모두가 탄복했다.

그러던 중 우연히 우리 고유의 전통 북과 장구를 응용한 대한 난타 예술단 단장의 눈에 띄어 30대 초반에 난타 예술단원이 되어 열심히 살아가고 있다. 채 하나만 잘 두드려도 전문가가 되는 이 세상, 남 탓하지 말고 노력만 하면 길이 있다. 항상 앞이 보이지 않는다고 실업급여나 타 먹으며 체념하고 빈둥거리는 백수 되지 말고, 무엇이든 할 수 있는 일이 있을 거라며 찾아보자. 노력하는 자에게는 언젠가 기회가 온다는 걸 명심하고 매사 최선을 다하며 열심히 살자!

백수의 꿈(드러머)

몸에 밴 타고난 신명
무겁고 힘들어도
북 치고 장구 치고 덩실덩실
싫어도 지겨워도 북채만 휘둘러

탕~ 탕~ 탕~
큰북만 치는 내 운명
절도 있는 손놀림
채 하나로 모든 것을 걸었다

뒤늦게 안 드러머 본능
쿵짜자작 짜자자 작작~
신의 경지가 어디인가
온 세상이 채끝에서 움직인다

또 다른 세상이 보인다
길은 바로 가까이에
무엇이든 할 수 있어
오직 한길로 고~고~고오~

백수의 꿈 (염라대왕)

옛날 만화의 한 장면을 토대로 엮었다. 요즘 들어 본의 아니게 다양한 연령층의 백수가 양산되고 있다. 힘든 일은 꺼리게 되어 외국인 근로자로 대체되고 각종 실직 수당으로 생활을 이어가는 청년 백수를 안타깝게 생각하며 한 우물을 파는 우리 시대의 우직함도 필요한 때라고 생각한다.

백수······. 종일 빈둥거리는 게 일과, 만사가 귀찮아 일 안 해도 밥 해주는 엄마께 미안해하면서도 늘어만 가는 뻔뻔함, 평생 백수의 삶, 꿈도 희망도 없는, 되는 대로의 삶. 어느 날 낮잠 자다가 꿈을 꾸었어. 저 멀리 담벼락 끝에 조그만 구멍이 보이는 거야. 이승과 저승의 경계에 있는 일명 '개구멍'이라고도 하지.

들어가서 좀 지나다 보니 나무 그늘에 희미하게 두 노인이 앉아 있는 모습이 보였어. 가까이 다가가니 옥황상제와 염라대왕께서 세월아 네월아 바둑만 두는 거야. 재미있어서 옆에서 훈수 두니까 옳거니 하며 좋아하시는 거야. 옥황상제께서 바둑을 두다가 돌아보며, "여긴 왜 왔어?" "심심하고 무료해서 재밋거리 없나 해서요" 품에서 거울을 꺼내 보여주며 껄껄 웃으시며, "훈수도 해 줬으니 10년 후 네 모습 봐주겠다"

30대 후반, 결혼은 했지만, 정수기 외판원 되어 판매 부진으로 실적을 위해 엄마께 도와 달라고 생떼 쓰는 모습. 할 일 없이 바둑판 기웃기웃, 장기판 훈수 들고, 낚시꾼 고기 구경, 남 위해 한 일 없는 쓸모없는 인간이라 할 줄 아는 건 시간 죽이기뿐. 너무나 실망스러워 다시 10년 후를 보여 달라니까 한 번 보면 되돌아올 수 없다고 경고했어.

그럼에도 불구하고 애원해서 본 40대 후반, 마누라한테 잔소리 듣고 혼나고 있는 초라한 모습. 주식 투자에 폭삭 망하여 한숨 쉬는 모습, 즉석 복권 긁는 모습, 로또복권으로 헛꿈 꾸는 모습. 욕 나오고 무능한 자신을 보며 분하고 억울해서 또 10년 후가 궁금해서 제발 보여 달라고 졸랐어. 후회할 거라면서 돌아가라 했지만 애걸복걸하며 매달려 부탁 또 부탁을 했어.

다시 10년 후 50대 후반, 제대로 되는 게 없어. 이른 새벽 인력시장, 나 좀 데려가 달라며 울부짖는 하루살이 인생. 할 수 있는 일이라곤 막노동뿐, 벽돌 나르다 넘어지고, 철근 자르다 손 다치고, 돈 벌려다 몸 다치고, 돈만 까먹는 도움 안 되는 백수 중의 상 백수. 가만히 있는 게 도와주는 거라는 마누라. 아! 오늘도 허탕이로

구나. 한심한 내 인생. 이왕지사 이판사판

60대 후반, 평생 고생하고 삶에 찌들어 허리디스크, 신경통으로 지팡이 짚고 절뚝거리는 불쌍한 백발노인, 10년은 더 늙어 보였어. 한심한 내가 싫어 마누라는 곁을 떠난 지 오래. 무능한 아빠라며 자식들도 연락 끊고, 의지할 곳 없는 떠돌이 노숙자 신세. 꿈도 희망도 없는 내 인생. 왜 이리 제대로 되는 게 없나? 10년 더 보자고 애원했어.

70대 후반, 무료 노인복지시설에서 밥만 축내고 이따금 괴성 지르며 삶의 의미도 없이, 거동 못 하는 천대 받는 신세. 아 한심한 내 인생이여…….

10년만 더 보자고 사정했지만, 더 볼 게 없으니 그냥 가라는 거야. "어딜 가야 하나요?" "넌 다 살았으니 저 옆 염라대왕 앞으로 가!"라고 하는 거야. "옳게 살아 보지도 못했는데요?" "멍청한 백수의 삶이 너의 삶이야" 너무 억울하고 원통해서 제발 살려달라며 무릎 꿇고 싹싹 빌며 목숨을 구걸했어. 지금부터라도 열심히 살겠다고 애원했지만 때는 이미 늦었어.

염라대왕께서 하시는 말씀, "넌 이승에서 한 일이 별로 없구나. 막노동한 게 네 일이니 여기서 평생 땅 파고 삽질이나 하거라!" 하며 지팡이로 머리를 내리치는 거야. 이승에서 허구한 날 놀며 빈둥거리기만 하고 남을 위해 한 일 전혀 없는 '쓸모없는 인간'이라 복창

하며 쥐어진 곡괭이로 땅을 파고 있는데, 요령 피운다며 사정없이 채찍 맞으며 꿈에서 깨어났어.

얼마나 아팠던지 엉덩이를 움켜쥐었어. 잠 깨우느라 내 곁에서 "아이구, 이 인간아. 언제 철들래?" 하며 엉덩이를 찰싹찰싹 치는 엄마를 와락 안으며 "아~ 꿈이어서 감사합니다" 영문 모르는 엄마는 어리둥절. "열심히 노력해서 직장 구하고 결혼해서 효도할게요" 그길로 한심한 나를 깨닫고 양봉업 하는 친구의 도움을 받아 기술을 전수하여 몇 년의 노력 끝에 부모님께 손 안 벌리며 어느 정도 생활을 할 수 있게 되었어.

해마다 아카시아꽃 피는 봄이 되면 내 마음을 녹이는 신선한 봄 기운과 함께 향긋한 아카시아 향을 가득 담은 꿀을 따고 나를 찾아주는 고객에게 감사드리며, 큰돈은 아니지만 엄마께 용돈 드릴 수 있는 현재의 나 자신이 대견스러워. 어머니 감사합니다. 끝.

치과 진료를 하면서 사명감과 주어진 의무로 견뎌왔지만 인간인 이상 환자의 불만이나 정신적, 육체적 피로에 회의감이 든 적도 많이 있었다. 하지만, 이 어려운 시기에 우리의 재능을 베풀 수 있는 현재 모습에 감사히 여겨야 한다. 백수가 되어 힘겨운 사회 부적응자 되어 갈피 못 잡는 생활을 하지 않는 것만 해도 감사하다.

무슨 일이든 저지르고 나서 원래대로 되돌아갔으면 하고 후회

한다. 치과의사로서의 보장된 삶에서 한 발짝 물러나 어쩔 수 없이 백수로 사는 주위도 돌아보자. 불경기로 인한 취업난에 어려움을 겪거나, 실직이나 이른 정년퇴직으로 본의 아닌 백수가 되어 여기 저기 눈치 보며 사는 분들도 많다고 한다. 매일매일 매 순간 감사하는 마음으로 충실하게 살자.

백수의 꿈(염라대왕)

되는 대로의 삶
빈둥거리니 잠이 와
오늘도 꿈꾼다 이룰 수 없는 헛꿈
정신 차리라는 엄마 말

오늘 꿈 염라대왕
어제 꿈 옥황상제
변함없이 뒹굴뒹굴
백수 삶도 익숙하니
그런대로 지낼 만하다

남을 위해 한 일 없네
이제라도 늦지 않다
아직도 할 일 많다
매 순간 감사하며 열심히 살자

후기

원칙도 없이 자유자재로 쓴 글이라 다소 특이하게 느낄지도 모르겠다. 요즘처럼 바쁜 시대에 긴 글을 싫어하는 경향이라 최대한 지루하지 않게 요약하려 했다. 너무 짧아서 전체 맥락에서 벗어나는 부분도 있으리라 생각한다. 재미있게 읽히며 종이책을 가까이하게 되는데 조그마한 계기가 된다면 그것으로 충분하다.

일상생활 속에서 일어나는 일을 소재로 시를 쓸 때가 많다. 일기 쓰듯이 조금 더 정제되면 수필이라고 생각하는데 시가 되든 수필이 되든 드러내 놓는 것은 어느 정도의 용기가 필요한 것 같다. 누군가가 작가는 부끄러움을 무릅쓰고 자신을 내놓는 것이라고 하였다. 비록 무명작가이긴 하지만 드물게 예전에 경험하지 못했던 원고 청탁도 받게 되니까 더욱 신중해진다.

필자가 올린 글 중에는 처음부터 산문으로 쓴 글도 있지만, 시를 완성하고 난 후 그 시를 토대로 산문을 쓴 글이 대부분이다. 필자의 지도 선생님께서 시인은 시를 쓰지만 산문으로도 잘 표현할 수 있어야 한다고 하셨다. 시와 수필은 같은 맥락이어서이다. 소재가 산문으로 표현되어야만 하는데 시로 표현하면 어색하고 오히려 전달력이 부족할 때가 있다. 필자는 형식에 얽매이지 않고 수필 형태의 시를 써왔기 때문에 많은 시행착오를 겪었다.

요즘에 와서 점점 책을 통해 글을 읽기 쉽지 않은 시대가 되었다. 나를 잘 알지 못하더라도 내 글을 기다리는 독자들이 많이 생겼으면 좋겠다. 심금을 울리는 한 편의 시와 글을 위해 오늘도 컴퓨터 앞에서 특별한 일이 없을까 머리를 굴려보며 멍하니 앉아 있다. 노력한다고 되는 것은 아니지만, 그런 노력이라도 하다 보면 영감이 불현듯 떠오를 때가 있을 테니까.

내 텃밭과 작은 정원을 가꾸면서 식물과의 대화를 나누는 일상을 통해 앞으로도 개성 있는 나만의 색깔 있는 글을 쓰며 읽는 이에게 색다른 재미와 웃음을 선사할 수 있으리란 기대를 해본다. 끝으로, 1집 '고래의 꿈'부터 이번 5집에 이르기까지 변함없는 조언과 격려를 해 준 남계주 동기의 격려글로 마무리하고자 한다.

'꿈을 꾸는 수달이'를 읽고

　대학 졸업 한참 후에 이광렬 동기가 '고래의 꿈'이라는 첫 시집을 보내주었을 때 너무나 놀랍고 반가웠다. 시집을 통해 동기의 근황을 알게 되면서 마침 고향에 계신 연로하신 친정엄마의 치과치료를 부탁하게 되었다. 덕분에 같은 치과의사로서 여러 가지 공유되는 부분이 많아 멀리서나마 그의 작품들에 대해 남다른 관심을 갖고 흥미롭게 지켜보게 되었다.

　서품이 곧 인품이라 했던가? 모두가 오랜 세월 산전수전 공중전을 치르며 허덕일 때 이광렬 동기는 본업에 충실하면서 군위 고향자연을 벗 삼아 살아온 시간을 정화된 시와 순화된 글로 한 자 한 자 다듬어 두고 있었다.

　학창 시절의 모습처럼 왕방울같이 큰 눈, 깊은 사색과 더불어 세상을 바라보며 써 온 그의 이야기는 맑고 선하며 진실한 열정으로 가득 차 있다. 지치지 않는 호기심과 열정으로 끊임없이 탐구하고 살아가는 동기의 세상이 점점 더 훈훈해지고 따뜻한 미덕으로 채워지길 바라며 아울러 보는 이들도 언제나 즐겁고 흐뭇한 미소를 머금게 되길 기대해본다.

미소치과 남계주

이광렬

대구광역시 군위군 출생
대구광역시 대륜고등학교 졸업
경북대 치과대학 졸업(1988) 치의학 박사
대구광역시 군위군 이광렬 치과의원 개원(1991~현재)
월간문학 시 부문 신인상으로 등단(2021)
치의신보 시론 집필 위원(2020~현재)
33회 공인중개사 자격증 취득(2022)
한국문인협회 회원, 군위 문인협회 이사
저서: 시집 「그림 위에 앉은 시」(2023), 「그리운 곡선」(2021),
「우리의 세상」(2019), 「고래의 꿈」(2018)